岩 波 文 庫

33-645-9

時 間 と 自 由

ベルクソン著
中村文郎訳

岩 波 書 店

Henri Bergson

ESSAI SUR LES DONNÉES IMMÉDIATES DE LA CONSCIENCE

1889

目　次

時間と自由

——意識に直接に与えられたものについての試論

謹んで
学士院会員・視学総監ジュール・ラシュリエ先生に
捧げます

序　言

私たちは自分を表現するのに言葉に頼らざるをえないし、またたいていの場合、空間のなかでものを考えている。換言すれば、言語というもののために、私たちは私たちのもつ観念相互のあいだに、物質的対象相互のあいだにあるのと同じような明確鮮明な区別、同じ不連続性を立てざるをえなくなってしまうのである。こうした同一視は実生活では役に立つし、大部分の科学では必要でもある。しかし、或る種の哲学的問題が引き起こす乗り越えがたい困難の原因は、本来は空間のうちに場所を占めない現象を空間のうちに執拗に併置しようとする点にあるのではないのだろうか。論争の舞台装置となっている粗雑なイメージを取り除けば、論争に決着をつけられるということも往々にしてあるのではないだろうか。拡がっていないものを拡がっているものへ、質を量へ翻訳したために、立てられた問題そのもののうちに矛盾を引き入れたわけだから、提出される問題解決のなかに矛盾が再び現れることになったとしても何ら不思議なことではあるまい。

多くの問題のうちから私たちは形而上学と心理学とに共通の問題、すなわち自由の問題を選んだ。私たちが試みるのは、決定論者とその反対者たちのどんな論争も暗々裡に持続と延長、継起と同時性、質と量とを混同していることをはっきりさせるということである。こうした混同がひとたび一掃されれば、自由を否定する議論や自由について与えられる定義、さらには或る意味で自由の問題そのものがおそらくは消滅することになるだろう。そのことの論証が本書の第三章のテーマである。第一章と第二章では強さと持続の観念を検討しているが、それは飽くまでも第三章への手引きとして書かれたものである。

アンリ・ベルクソン

一八八八年二月

第一章　心理的諸状態の強さについて

感覚、感情、情念、努力といった意識の諸状態は、増えたり減ったりできるものだと通常は認められている。なかには、或る感覚がそれと同じ性質をもつ他の感覚より二倍、三倍、四倍も強いと言いうるのだと断言するひとさえいる。もっと後で検討することにするが、こういうことを言うのは精神物理学者である。しかし、精神物理学への反対者でさえ、或る感覚が他の感覚より強いとか、或る努力が他の努力より大きいとかいう語り方をすることに何の痛痒も感じていないのであって、それどころか彼らは純粋に内的な状態相互のあいだに量的な差異を設けようとしているのだ。その上、この点に関しては、常識というものが何のためらいもなく判定を下してしまっている。かなり暑いとかそれほどでもないとか、すごく悲しいとかそんなに悲しくはないという言い方はよくなされるわけであって、こうした量的多寡の区別が、たとえ主観的事実や拡がりのないものの領域にまでもち込まれても、驚くひとはいないのである。けれども、ここにはきわめてあいまいな点が、否、一般に思われているよりはるかに重大な問題が潜んでいるのだ。

或る数が他の数より大きいとか、或る物体が他の物体より大きいと述べるとき、ひとは自分が何の話をしているのか、たしかによく分かっている。なぜなら、この二つの場合には、もう少し後で詳しく述べるように、問題になっているのは等しくない二つの空間だからであり、それ故に他の空間を含む空間は〈より大きな空間〉であるという言い方を私たちはするのである。しかし、より強い感覚がどうやってより弱い感覚を含むことができるのであろうか。前者が後者を含んでいて、より強い感覚を得るにはまずもって同じ性質のより弱い感覚を是非とも通過しなければならないのだから、ここにもまさに或る意味で含むものと含まれるものとの関係があるのだとでも言いたいのだろうか。強さにも大きさがあるという、こうした考え方が常識というものだとは思うけれども、これを哲学的説明に昇格させようとすれば、紛れもない悪循環に陥らざるをえないことになるだろう。なぜなら、或る数が自然数の系列のなかで他の数の後に現れるとき、それが前の数より大きいということは異論の余地がないが、しかし、増大する順序のうちに数を配列できたのは、まさに数相互のあいだに含むものと含まれるものとの関係が存在しているからであるし、また私たちにしても、或る数が他の数より大きいというのはどういう意味においてなのかをはっきり説明できると思っているからなのである。だとすると、問題は、強さというもともと積み重ねることのできないものでもって、どうしてこの種の系列をつくることができるのかということ、この系列の終項が例えば減るのではなく増えるのだということをどんな目印で知ることができるのかということである。これは結局、なぜ強さを大きさと同一視できるのかという問題に帰着する。

内包量と外延量

よくおこなわれていることだが、二種類の量というものが区別されている。一方は外延的で測定可能な量であり、他方は内包的で、測定はできないが、それでも他の強さよりも大きいとか小さいと言うことができるとされている量である。だが、これは問題を回避するものだ。なぜなら、そういう区別を立てること自体が、〈両者をともに量という言い方をしている以上は、二つの形式の量には何か共通なものがあるのだ〉と認めていることになるし、両者ともに増えたり減ったりできるのだと宣言してしまっているに等しいからである。しかし、大きさという見地に立つとしても、外延的なものと内包的なもの、拡がりのあるものと拡がりのないものとのあいだに何か共通なものがありうるだろうか。前者の場合、或る量を含む他の量をより大きい量だと正当に呼びうるとしても、含むものと含まれるものとの関係がもはや見られない場合に、どうして相も変わらず量だの大きさだのを云々できるのだろうか。量は増減可能であり、そこには言わば〈より大きいものに包まれているより小さいもの〉が認められる。だとすれば、量というものはそのこと自体からしてまさに分割でき、またそのこと自体からしてまさに拡がっているものだということになる。ということは、非延長的な量という言い方にはそもそも矛盾があるということではないだろうか。ところが、常識は哲学者たちと相和して、強さでしかありえぬものを、延長とまったく同様に、大きさに仕立てあげようとする。しかも、私たちは単に同じ言葉遣いをするだけではない。より大きな強さを考える場合にも、より大きな延長が問題になっている場合にも、私たちは似たような印象をもつのだ。「より大きい」「より小さい」といった言葉はいずれの場合にも同じ観念を呼び覚ますのである。この観念がどうして成立するのかをつきつめてみると、含むものと含まれるものというイメージがこれらの場合にもやはり意識に現れているのだということが分かる。より大きな強さの努力は、例えばあたかもより大きな巻き糸のように、また弛緩するとより大きな空間を占めるであろうぜんまいのように、イメージされるのである。強さという観念のうちに、また強さを言い表す言葉のうちにも、いまは収縮しているがいずれは膨張するであろうというイメージ、潜在的延長というイメージ、こういう言い方ができるとすれば、空間だと白状することを口封じされている空間というイメージが見いだされるのがお分かりであろう。だとすると、私たちは非延長的なものを延長的なものへ翻訳し、そして、二つの延長のあいだの関係についての漠然とした直観に基づいて二つの延長を比較したり、あるいは少なくとも言葉によって表現しているのだと思わざるをえない。とはいえ、こうした操作がいったい何をしていることになるのかをはっきりさせるのは難しそうだ。

そのことをはっきりさせようとしてすぐに思い浮かぶ解決は、感覚や自我の何らかの意識状態の強さを客観的な、したがって測定可能な諸原因の数と大きさで定義し、それらがこうした状態を生み出したのだと主張することであろう。なるほど光源が同じ位置にあるとすれば、その光の強さについての感覚はより大きい数の光源から得られたか、もしくは得られるはずの感覚であろうということは当然のことである。しかし、たいていの場合、私たちは私たちに強い感覚だと判断させる原因の本性を、ましてやその大きさを知らないのに、強さを結果として断定してしまっているのである。それどころか、結果として現れている強さから私たちはしばしば原因の数と本性とを推断し、最初はその原因とは何の関係もないだろうとみなしていた私たちの感覚の判断を修正することすらあるのだ。こういう場合、現在の自我の状態をその原因が生々しく知覚されていた以前の自我の状態と比較した上で、現在その結果を体験しているのだと主張するひとがいるかもしれないが、それは無駄というものである。たしかに私たちはたいていの場合そういうやり方をしてはいるのだが、しかしそうなると、深い心理的諸状態相互のあいだにどうして私たちが強さの区別を立てるのかの説明がつかなくなる。心理状態の発信源は私たちであって、外的原因ではないからである。ところが、私たちが心的状態の強さを殊更に強固に言い立てるのは、現象の主観的側面だけが私たちの不意を打ち、つまりはその側面に関連づける外的原因をどうしても測定できないときだけなのである。例えば、髪を抜かれるよりも歯を抜かれる方が痛みが強いと誰でも思っているだろうし、画家は巨匠の絵の方が商店の看板より芸術的感銘が深いということに何の疑いももたない。また、凝集力という物理学的概念を知らなくても、鉄棒を曲げようとするよりフェンシングの剣をたわめる方が簡単だと誰でも言う。だから、原因の数やその働き方やその拡がりについて何も知らなくても、二つの強さを比較するということがしばしば起こるのである。

たしかにまだ他に説明の仕方もあるであろう。だが、それはより巧妙ではあるが、所詮は同工異曲の仮説である。よく知られているように、機械論、特に反応速度を重視する理論は、物体の表面的な感覚しうる諸特性の基本的成分をきっちり規定しておいた上で、その特性をそれらの成分の運動によって説明しようとする。また、質の内包的差異、つまり私たちの感覚の強さの違いは感覚のあずかり知らぬところで起こっているさまざまな変化のあいだの外延的差異に帰着すると考えて、それがいつ起こっているかを予測するひともなかにはいる。こう言ってもよいのではないか。すなわち、そういった理論を知らなくても、私たちは漠然とそんな気がしているものなのだ、と。例えば、より強い音を聞けば、私たちはその音の下に、振動する大気のなかを拡がっていく、より振幅の豊かな音量を推測するし、或る音を聞いて、それがより強い音を提示していると主張する場合には、たとえ漠然と気づいているだけにせよ、きわめて正確なその数学的な比例関係に暗に依拠しているのである。そこまで極論しないとしても、すべての意識状態は脳の分子や原子の或る動揺に呼応するものであり、感覚の強さはそうした分子運動の振幅、錯綜、拡がりを測る目安なのだということを原理として立てることができるのではないだろうか。この第二の仮説は第一の仮説と少なくとも同程度の確かさで考えられそうだが、だからといって問題を解決するものではない。なぜなら、感覚の強さが私たちの身体組織のうちでなされたのだと多少ともそう考えられるような活動を表しているということはありうることだろうが、意識が私たちに与えるのは感覚であって、そうした機械的活動ではないからである。それどころか、なされた活動の大小を私たちが判断するのは、むしろ感覚の強さによってなのだ。だから、強さは少なくとも見た目にはやはり感覚の一特性なのである。そうだとすると、依然として同じ問いがもちあがる。すなわち、なぜ私たちはより高い強さをより大きいと言うのか。なぜ私たちはより大きい量もしくはより大きい空間といったものを考えてしまうのか。

深い感情

おそらく問題の困難さは特に、かなり性質の違う強さ、例えば感情の強さと感覚や努力の強さとを私たちが同じ言葉で呼び、同じ仕方で思い描いていることに起因しているのだと言ってよいだろう。努力は筋肉感覚を伴っているし、そして感覚それ自体は或る肉体的諸条件と結びついており、それらの条件がその感覚の強さを測定するのにたぶん関わりをもっているらしいのだ。これこそ、意識の表面で起こっている現象であり、後に見るように、運動の知覚や外的知覚の対象といつも結びついている現象なのである。しかし、或る種の心の状態は、当否はともかくとして、自分だけで完結しているように見える。例えば、深い喜びとか悲しみ、反省的な情念や美的感動といったものがそれである。これらの単純な場合には、いかなる外延的な要素も介入しないと思われるので、純粋な強さを規定するのは比較的容易なはずだ。実際には、これから見ていくように、強さはここではかなりな数の心的諸事実を大小に色分けする或る質ないしニュアンスに、あるいは、こう言ってもよいが、基本的情動に浸透している相当な数の単純な心的諸状態の大小に、還元されてしまっているのである。

例えば、初めは漠然としていた欲望が少しずつ深い情念へと変わったとする。この場合、その欲望の強さが初めに弱いものとして感じられたのは、それが最初のうちは残り全体の諸君の内的生活にとって孤立しており、言わば無縁なものと感じられていたからだということが分かるだろう。しかし、それが次第次第に、より大きな数の心的要素のうちに浸透し始め、言わば自分固有の色に染めあげてしまう。こうなると、いまや事物全体に対する諸君の見方が変わってしまったように見えてくるものだ。それは、こういうことではないだろうか。ひとたび深い情念に取り憑かれると、同じ対象がもはや同じ印象を生まなくなる。すべての感覚、すべての観念が新鮮さを帯びて現れる。まるで子供にかえったかのようだ。このようにして諸君は自分の情念の新しさに気づくのではないか。私たちもこれに類したことを或る種の夢のなかで体験する。そこで大したことが起こっているわけではないが、それでもかつて聞いたことのない音が夢を通じて聞こえてくるのだ。このため、意識の深いところへ降りていけばいくほど、心的諸事実を事物の並列として扱うわけにはいかないのである。或る対象が心の大きな部分を占めているとか、否、全部を占めているとか言われるが、そういう言い方で理解しておかなくてはならないのは、そのイメージが無数の知覚や思い出のニュアンスを変形してしまったということ、その意味ではそのイメージはそれとは認められないが、知覚や思い出のなかに浸透してしまっているのだ、ということだけである。ところが、こうしたまったく動的な表象の仕方は反省的意識には気に入らない。なぜなら、反省的意識は〈言葉で難なく表現される、すっきりした区別〉や〈空間のなかに見いだされるような確定された輪郭をもつ事物〉を好むものだからだ。そこで、反省的意識は、他のものはすべて同一のままにとどまり、ただ或る欲望だけが継起的な大きさを段階的に通過していくのだと想定することになろう。まるで多様性も空間もないところでも、依然として大きさという言い方ができるのだと言わんばかりに！　そして、反省的意識が身体表面でおこなわれて次第に数を増していく筋肉収縮を、身体組織の一定の点に集中させ、そこから強さを増してゆく努力をつくりあげるのが見られるが、それとまったく同様に反省的意識は、共存する心的諸事実の混沌とした塊りのなかで起こる漸進的な諸変化を、増大する欲望というかたちで別個に切り離して結晶化することになるだろう。しかし、それこそ、量の変化というよりはむしろ、まさに質の変化なのである。

希望というものをあれほど強い快感にしているのは、私たちが意のままにできる未来が、どれも楽しげで、どれも実現可能であるようなさまざまな形態をとって、誰にも同時に現れるからである。とはいえ、そのなかで最も欲しかったものが手に入ったとしても、他のものは犠牲にしなければならなかったわけだし、結局は多くを失うことになるだろう。だから、無限の可能性を孕んだ未来という観念の方が未来そのものより豊饒なのだし、そのため物をもつことよりも願い事をもつことに、現実よりも夢に、より大きな魅惑が感じられるのである。

喜びとか悲しみとかの強さの増大はどのようにしてできるのか、何ら身体的な徴候が介在しない例外的事例をとって、はっきりさせてみよう。内的な喜びというものは、情念と同じように、まず最初に心の一隅を占め、次第に居場所をせばめさせられることになるような孤立した心理学的事実ではない。最低段階では、それは未来へ向かおうとする私たちの意識状態の方向定位にかなり似ている。次の段階では、あたかもこうした牽引力が意識状態の重みを減らすかのように、私たちの観念と感覚はいっそう速度を増して継起するようになる。つまり、意識の諸運動はもはや以前ほどの努力を必要としなくなるのだ。最後には、喜びは頂点に達し、私たちの知覚と思い出は熱気や光輝にも譬えられるような広大無辺の性質を獲得するに至る。それはときには、ふっと我に返り、自分は本当はこうだったのかと思い知らされるような斬新な驚きである。こういうわけで、純粋に内的な喜びに特徴的なさまざまな形態といえども、心理学的塊りの質的変様に対応するような継起的な諸段階が同じだけあるものなのである。しかし、これらの変様がそれぞれに標的にしている意識状態の数は多かったり少なかったりするし、またその数をはっきり数えていなくても、私たちは例えば私たちの喜びがその日のすべての印象に浸透しているか、もしくは印象のいくつかは喜びから逃れているのを知っている。こうして私たちは喜びの二つの継起的な形態を分ける間隔のなかにいくつかの断点を設定するが、こうなると、一方から他方への接近が徐々に強まっていくにつれて、私たちは今度は形態というものを大きさを変える同一の感情の強さのようなものだと思うようになるのだ。容易に示されることだが、悲しみのさまざまな段階も量的変化に対応する。悲しみはまず過去への方向定位から始まるが、それは私たちの感覚や観念の衰弱でしかない。あたかも感覚や観念はその各々がいまや、悲しみの与える些事のなかにすべてを押し込め、未来は言わば私たちに閉ざされているかのようだ。結局、悲しみは私たちに無を願わせるような押しひしがれた印象で終わり、新たな不幸にしても、それと戦う空しさを思い知らされるだけで、苦い快楽をその都度つかまされるだけである。

美的感情

美的感情が示しているのは、基本的情動のうちにはっきり認められるように、新しい諸要素が徐々に介入してくるといった現象のよりいっそう際立った事例である。これらの要素は、その本性が変わっただけなのに、その量が増したように思われるのである。それらのうちで最も単純なもの、優美さの感情をここで考えてみよう。それは最初は、他人の動きのなかに覚える或る種の気安さやゆとりの感じにほかならない。ところで、ゆとりのある動きというものは互いに相手の動きにそなえができているものなのだから、私たちは結局、あらかじめ見越していた動きのうちに、つまり将来の振る舞いがまるで完了しているかのように現に示されている態度のうちにもっと上質のゆとりを見いだすことになるだろう。ぎくしゃくした動きが優美さに欠けるのは、各々の動きが自己完結していて、それに続くはずの動きを告げていないからである。また曲線が屈曲線より優美だとされるのも、曲線が絶えず方向を変えるにもかかわらず、その新しい方向が各々それに先立つ方向のうちに表示されているからである。したがって、動きやすさの知覚はここでは、時間の歩みを言わば止めて、未来を現在のうちにつなぎとめるという快感のなかに溶け込むようになる。第三の要素が介入するのは、優美な動きがリズムに従い、それに音楽が伴うときだ。というのは、リズムと拍子は、舞踊家の動きをいっそうよく予見できるようにすることによって、今度は私たちがその動きの主人だと思うようにさせるからである。彼の取ろうとする身振りがほとんど予見できるものだから、実際に彼がその身振りをするとき、彼の方が私たちに従っているように思われるのだ。リズムの規則性が彼と私たちとのあいだに一種のコミュニケーションを打ち立て、拍子の周期的な反復がまるで目に見えない同じ数だけの糸となって、その助けで私たちはこの想像上の操り人形に演技をさせているかのようなのである。それどころか、この人形が一瞬でも動きを休むと、私たちの手はじれったい思いに駆られて動き出さずにはいられなくなり、あたかもこの人形を後押しし、リズムが私たちのすべての思考と意志の対象となっているような動きのなかにその人形を戻してやろうとするのだ。だから、優美さの感情のなかに一種の肉体的共感が芽生えることにもなるが、さらにこの共感の魅力を分析してみれば、私たちがその共感をそれ自体として好むのはそれと精神的共感との類似性によっているのだということが分かるだろう。前者は後者の観念を巧みに暗示しているのである。この最後の要素は、その他の二つの要素がそれを言わば告知した後でそのなかへ溶け入ってくるようになるものであるから、なぜ優美さが抗し難い魅惑をなすかを説明してくれるものだ。もしスペンサーが主張しているように、優美さが努力の節約に還元されるのであれば、それが私たちに引き起こす快感が何であるかわけが分からなくなってしまうであろう。(1) しかし実状は、私たちがきわめて優美なすべてのもののなかに、運動性の印である軽快さのほかに、私たちへと向かっている可能的運動の徴候、つまり潜在的なあるいは生まれ出でんとしている共感の徴候を見分けたのだと思い込まされるということである。自分を優美さだといつでも思わせたがっている、この運動的共感こそ上質の優美さと言われているものの本質なのである。こうして美的感情の増大していく強さはここでは、同数の多様な感情に分解される。が、それらの感情は、その各々が先立つものによってすでに告知されているだけに、そこで目に見える姿をとり、その後で先立つものを決定的に食い尽くしてしまうのだ。私たちが大きさの変化という方向で解釈しているのは、こうした質的進展なのだが、それというのも、私たちの好むのが単純な事物だからであり、私たちの言語が心理的分析の微妙な点を表現するには不向きだからなのである。

美の感情がそれ自体どうして度合いを含むかを理解するためには、それを緻密な分析にかけなければならないであろう。この感情を定義しようとして感じる難しさは、おそらく主として、自然の美を芸術の美より先立つと考える点に由来するのだろう。そうだとすると、芸術の技法は芸術家が美を表現する手段でしかなくなるし、美の本質も相変わらず謎めいたものにとどまってしまうからである。しかし、自然が美しいのは芸術の或る技法との幸運な出会いに始まるのではまったくないし、或る意味では、芸術が自然に先立っているとも考えられるのではないだろうか。そこまで言わないとしても、まず美をそれが意識的努力によって生み出された芸術作品のなかに研究し、次いで芸術からそれ独自の流儀で芸術的なあり方をしている自然へと移りながらひそかに降りていくのが健全な方法の規則により適っているように思われる。この観点に身を置けば、芸術の目的が私たちの人格の能動的な諸力、あるいはむしろ抵抗として現れる諸力を眠らせることであり、こうして私たちに提示された観念を実感したり、表現された感情と共感するようにさせる完全な柔順さの状態に私たちを連れていくことだということが分かるだろうと思う。芸術の技法のなかには、通常は催眠状態を得させるための技法が、緩和され洗練され、言わば精神化された形式で、再び見いだされるであろう。――例えば、音楽の場合、リズムと拍子は、私たちの注意が固定した諸点のあいだで揺れ動くようにすることによって私たちの感覚と観念との正常な循環を中断するし、また呻き声は、これをどんなに控えめに模倣しても、非常な悲しみで満たすのに十分なほどの力で私たちの心をつかんでしまう。楽音が自然の音よりいっそう強力に作用するのは、自然が感情を表現するだけにとどめるのに対して、音楽は感情を私たちに暗示するからだ。詩の魅力はどこからくるのだろうか。詩人とは彼の心のなかで感情をイメージへ発展させ、イメージそのものをリズムに適した言葉へと生育させて、感情を読み取れるようにするひとのことだ。眼の前をこれらのイメージが通り過ぎるのを見て、私たちの方は、それらのイメージがその言わば情動的等価物であったような感情を体験することになろう。しかし、これらのイメージは、リズムの規則的な運動なしでは、私たちにとってさほど強力に理解されることはないだろう。私たちの心をあやし、眠らせたあげく、夢のなかでのように自分を忘れさせて詩人とともに考えたり見るようにさせるのは、リズムなのである。造形芸術も同じ種類の効果をあげるが、それは、生命に突然押しつけられ、物質的伝播を通して鑑賞者の注意に伝えられる固定性によってである。古代の彫像のような作品は、息のように触れるか触れられないかほどの軽微な情動を表現するが、その反面、石のもつ蒼白い不動性は表現された感情や開始された運動に対し、私たちの思考がそこへと没入し、私たちの意志がそこへと見失われてゆくような、何かしら決定的で永遠なものを与える。建築には、このはっとさせるような不動性の中心そのものに、リズムの働きにも似た或る種の効果が見いだされるであろう。形態同士のシンメトリー、同じ建築的モティーフの無限の反復のために、私たちの知覚能力は、同じものから同じものへと揺れ動き、そして日々の生活のなかで私たちを人格性の意識へ絶えず連れ戻す、あの絶え間ない変化の習慣を失ってしまう。そうなると、ほんの少し或る観念を指し示すだけで、その観念が私たちの心全体を満たすのに十分であろう。このように、芸術は私たちのうちに感情を表現するというよりは、むしろそれを刻印することを目指すのである。芸術は感情を暗示するものであって、もっと有効な手段が見つかれば、自然を模倣することを欣然とやめてしまうのだ。自然も、芸術と同様、暗示によって事を進めるが、リズムを整えようとはしない。その代わり、自然から受け取った諸影響の共通性のおかげで自然と私たちとのあいだに出来あがった長い親睦関係がその埋め合わせをし、そのため或る感情をほんのわずか指示するだけで、ちょうど催眠術に慣れた被験者が術師の身振りに従うように、私たちは自然と共感する。また、この共感が特に生まれやすいのは、自然が私たちに正常な均衡のとれたものを差し出すときであるが、それというのも私たちの注意が形象のいかなる部分にも固定されることなく、そのあらゆる部分に均等に注がれるからである。このようなとき、私たちの知覚能力はこの種の調和にまどろんでしまうので、感受性の自由な飛翔をはばむものはもはや何もない。感受性が自然に心を動かされ共感するためには、ただその妨げとなるものが失墜するのを待っていればよいのである。——以上の分析から帰結することは、美の感情は特殊な一感情ではないが、しかし私たちが体験するすべての感情は、それが因果的に引き起こされたものではなく、暗示されたものであれば、美的性格を帯びるだろう、ということである。だとすると、なぜ美的情動が私たちに強さの度合いを、したがってまた高揚の度合いを許すように思われるかが分かるだろう。実際、暗示された感情は私たちの生涯を構成する心理的諸事実の緊密な織り目をほとんど裁断しないし、ときにはそれらの事実から注意をそらせはしても、それらを見失わせることはない。とはいえ、その感情がそれらの事実にとって代わり、私たちを夢中にし、私たちの心全体を独占してしまうこともある。したがって、美的感情の進展には、催眠状態におけるのと同様に、はっきり区別された諸段階が存在する。しかも、これらの段階は、度合いの変化よりは、むしろ状態や性質の差異に対応するのである。ところが、芸術作品の価値は、暗示された感情が私たちの心を領有するその力によってよりも、その感情そのものの豊かさによって測られる。換言すれば、強さの度合いのほかに、私たちは深さや高揚の度合いといったものを本能的に区別している。この概念を分析してみると、芸術家が私たちに暗示する感情や思想が彼の生涯の大なり小なり相当の部分を表現し凝縮していることが分かるだろう。感覚しか与えない芸術が低級な芸術であるのは、それを分析してみても、多くの場合、感覚のなかにその感覚自身以外の何も見当たらないからだ。しかし、大部分の情動はそれに浸透する無数の感覚を、あるいは観念を帯びている。したがって、情動の一つ一つはそれぞれの分野での独自の、定義できない状態であり、これをその複雑な独自性において会得するためには、その情動を体験したひとの人生を再び生きなければならないように思われる。けれども、芸術家が目指しているのは、この非常に豊かで個人的で新しい情動のうちに私たちを案内し、私たちに会得させられないはずのものを体験させるということなのだ。だから、芸術家は彼の感情の外的なもろもろの表示のなかから、それを知覚すると私たちの身体がたとえ微かではあっても機械的に模倣するようなものを選んで定着し、それらの表示を生み出した定義できない心理状態のうちへ私たちを一挙に置き直そうとするのだ。こうして芸術家の意識と私たちの意識とのあいだに時間と空間が介在させた障壁は消え去ることになろう。そして、芸術家が私たちを縁取ろうとした感情がさまざまな観念に富み、感覚や情動で厚みを増せば増すほど、表現された美はもっと深く、もっと高揚したものになるだろう。してみれば、美的感情の継起的な強さは私たちのうちに突然生じた状態の変化に対応し、深さの度合いは基本的情動のうちに漠然と見分けられるような要素的な心的諸事実の数の大小に対応するということになる。

道徳的感情についても同じ類の研究ができるだろう。例えば憐れみの情を考察してみよう。それはまず、思考によって他人の立場に身を置き、その苦しみを身をもって苦しむところにある。しかし、或るひとたちが主張したように、単にそれだけのものであったら、憐れみは惨めな人々を救おうとするよりも、むしろその人々から逃げようという観念を私たちに植えつけるだろう。なぜなら、苦しみは私たちをおのずと怖れさせるものだからだ。この怖れの感情が憐れみの情の根源にあるということはありうる。しかし、新しい欲求、つまり同胞を助け、その苦しみを和らげようとする欲求が間もなく新しい要素としてそれに加わりにくる。ラ・ロシュフーコーに同調して、このいわゆる同情なるものは一つの打算であって、「将来の禍いの巧妙な予見」〔箴言二六四〕だと言うべきであろうか。たしかに怖れは他人の不幸が私たちに抱かせる同情のなかにも何がしかは入ってくるであろう。だが、そこに見られるのはいつも憐れみの低級な形態にすぎない。真の憐れみは苦しみを怖れるどころか、これを望むことにある。それは誰もその実現を見たいとはほとんど願わないが、しかしどうしても抱いてしまう無節操な望みではある。あたかも自然が何か重大な不正を犯したかのようであり、そして自分も自然との共犯者ではないのかという一切の嫌疑から矛先をかわさなければならなかったかのようである。だから、憐れみの本質は謙虚になろうとする欲求であり、同じ境遇に身を落とそうとする熱望である。この苦しい熱望にも或る面ではその魅力がないわけではない。なぜなら、それは私たち自身を評価するなかで私たちを高め、私たちの思考を感覚的幸福から一瞬引き離すので、私たちがそうした幸福より高所にいると感じさせるからだ。したがって、憐れみの強さの増大は、質的な進展のうちにある。すなわち、嫌悪から怖れへの、怖れから同情への、そして同情そのものから謙虚への移行のうちにあるのである。

この分析をこれ以上推し進めないことにしよう。これまで強さと定義してきた心的諸状態は深い状態であって、それらの外的原因とは少しも関連していないようだし、筋肉収縮の知覚も含んでいるようには見えない。しかし、これらの状態は稀である。情念でも欲望でも喜びでも悲しみでも、身体的徴候を伴わないものはほとんどないのだ。そして、これらの徴候が現れるところでは、それらは強さの評価に当たって何らかの役を果たしているように思える。本来の感覚について言えば、それは明らかにその外的原因と結びついているし、たとえ感覚の強さがその原因の大きさによって規定されないとしても、その二項のあいだには何らかの関係が疑いもなくあるはずだ。しかも、意識はそのいくつかの現れにおいて、あたかも強さが延長へと展開するかのように、外部へ向かって花のように拡がっていくように見える。筋肉努力が例えばそうである。この現象に直ちに向き合うことにしよう。こうして私たちは心理的諸事実の系列の反対極に一飛びに身を移すことになる。

筋肉努力

意識に量あるいは少なくとも大きさというかたちで直接に現れるように見える現象があるとすれば、それは異論の余地なく筋肉努力である。心的な力は、風の神アイオロスの洞窟のなかに閉じ込められた風のように、魂のなかに閉じ込められていて、そこでただ外へ飛び出す機会を待っているように見える。だが、意志がこの力を見張っており、ときどき、出口を開けてやって、期待どおりの成果を挙げるまでその流出を調整する。この点をよく考えてみると、努力についてのこうしたかなり粗雑な考え方が、〈強さをもつ大きさ〉なるものがあるという私たちの信念のなかに、相当入り込んでいることが分かるだろう。空間のなかで展開され、測定可能な現象によって表される筋肉の力は、いっそう小さい容積で、言わば圧縮された状態ででではあるが、それらの表れに先立って存在していたのだという印象を与えるので、私たちは何の躊躇もせずにこの容積をますますせばめ、遂には、純粋に心的な状態というものがあって、それはもはや空間を占めないというかたちではあるけれども、大きさをもつと納得顔で信じ込んでしまうのだ。その上、科学もこの点について常識のもつ錯覚を強める傾向にある。例えばベイン氏は、筋肉運動に伴う感覚は筋肉の力の遠心的な流れと一致する、と言っている。だとすると、意識が統覚するのはまさに神経の力の放射そのものだということになろう。ヴント氏も同様に、中枢に起源をもつ感覚が筋肉の随意的神経支配を伴うと述べ、麻痺患者の例を引いているが、この患者は、足が萎えているにもかかわらず、足をもち上げようと意志すれば発揮できるような力について、非常にはっきりとした感覚をもつ、と書いている[2]。多くの著者がこうした意見に賛同しているが、もし数年前にウイリアム・ジェームズ氏がほとんど注目されなかったが、しかしまことに刮目すべきいくつかの現象に生理学者たちの注意を向けさせなかったなら、この意見が実証科学のなかで法則となっていただろう。

麻痺患者が足をもち上げようと努力するとき、彼はもちろん実際にその運動をおこなっているのではないが、好むと好まざるとにかかわらず、別の運動を実際におこなう。何らかの運動がどこかで実施されているのだ。さもなければ、努力の感覚が生じるはずがない。(3) すでにヴュルピアンは、半身不随の患者に萎えた手を握るようにと言うと、無意識のうちに病気でない方の手でこの動作をおこなうことに注意を促していた。フェリヤーはさらにいっそう興味深い現象を報告している。(4) ちょうどピストルの引き金をひくように、人差し指を軽く曲げて腕をのばしてみよ。指を動かさず、手の筋肉も収縮させず、目につく運動は何もやらないのに、それでもエネルギーを消費したと感じるだろう。とはいえ、もっと子細に見ていくと、この努力の感覚は胸の筋肉の固定化と同時に起こること、声門を閉じたままにしていること、呼吸筋を活発に収縮させていることに気がつくだろう。呼吸が正常な流れを取り戻せば、実際に指を動かさないかぎり、努力の意識は消失してしまうのである。これらの事実はすでに、私たちの意識するのが力の放射ではなく、その結果である筋肉運動であることを示しているように思われたのであった。ウイリアム・ジェームズ氏の独創は、この仮説をそれにまったく相反するかに見えるいくつかの実例について検証してみせた点にあると言えよう。例えば、右眼の外直筋が麻痺しているとき、患者は何とかして眼を右の方へ向けようとするが、駄目である。それでも、患者には対象が右の方へ逃げていくように見える。そこでヘルムホルツ(5)は、この場合、意志の働きは何の結果も生んでいないのだから、意志の努力そのものが意識に表れたとしか思えない、と言った。——これに対してジェームズ氏は次のように応じる。その場合もう一方の眼のなかで何が起こっているかが顧慮されていなかったのだ。すなわち、こちらの眼は実験中は遮蔽されたままであるが、それでも動いているわけで、そのことは難なく確認できるだろう。この左眼の運動こそが意識によって知覚され、私たちに努力の感覚を与えると同時に、右眼によって統覚されてあたかもその対象が動いているかのように信じ込ませているのだ、と。これらの観察やその他同様の観察からジェームズ氏は、努力の感覚は求心的であって遠心的ではないと主張するに至っている。私たちは私たちが身体組織のうちに放出すると言われている力について自覚をもっているわけではないのだ。筋肉のエネルギーが展開されているという感覚は実は、「収縮した筋肉、緊張した靭帯、圧迫された関節、固定化された胸、閉じられた声門、ひそめられた眉、締めつけられた顎といったものから来る求心的な複合感覚である」。要するに、それは努力が変様させるすべての末梢部位に由来する感覚なのである。

この論争のうちで立場を決めることは私たちの任ではない。同様にまた、私たちが関心を抱いている問題も、努力の感情が中枢から来るか末梢から来るかということではなく、その感情の強さの知覚がいったい何から成り立つのかということである。ところで、この点については、自分自身を注意深く観察しさえすれば、ジェームズ氏がはっきりとこうだと判断を下しているわけではないが、氏の学説の精神にまったく合致すると思われる一つの結論に達する。私たちが主張しようとするのは、こうである。すなわち、特定の努力が増大するという印象を与えれば与えるほど、交感的に収縮する筋肉の数がそれだけ増加するということ、身体組織の特定の部位で努力の強さが明らかによりいっそう大きくなるという意識は、本当は、努力作用に関与する身体の表面がよりいっそう大きくなるという知覚に帰着するということ、これである。

例えば、拳を「だんだん強く」握り締めてみよ。努力の感覚は、まったく手のなかに局在化されたまま、だんだんと増加してゆく大きさを次々に通り過ぎていくように思われるであろう。実際には、手が感じているのは常に同じものである。ただ、最初は手のなかに局在化されていた感覚が腕に侵入し、肩までのぼったのだ。最後には、もう一方の腕が硬直し、両足がそれを真似るかのように固くなり、呼吸が停止する。身体全体が関与しているのである。しかし、これらが随伴運動だということは、それと告げられないかぎり、はっきりとは分からない。これまでは、ただ一つの意識状態に関与していて、それが大きさを変えていると思っていたのだ。例えば唇を次第に強くきっと結ぶとき、諸君はその箇所で同じ一つの感覚が次第に強くなると感じてしまうことだろう。つまりこの場合でも、事態をもっとよく反省してみると、この感覚が同じままであるということ、しかも顔と頭の、次いで残りの身体全部のいくつかの筋肉がその作用に加担していたということに気づくであろう。諸君が感じていたのは、そうした段階的侵入、表面の増加だったのであり、そしてそれはたしかに実際に量の変化なのだが、しかし諸君は自分のきっと結ばれた唇のことだけを主に考えていたものだから、増大をその箇所に局在化し、そしてそこに費やされる心的な力を、拡がりをもたないにもかかわらず、大きさとみなしてしまったのだ。次第に重くなる重量をもち上げるひとを注意深く観察してみよ。筋肉の収縮が少しずつ身体全体に及んでいく。働かせている腕のなかに体験されるより部分的な感覚について言えば、それはきわめて長い間一定の状態にとどまり、ほとんど質しか変えない。つまり、重さが或る瞬間に疲れになり、疲れが痛みになる。それでも当人は腕に注がれる心的な力の連続的な増大を意識したと思い込むであろう。そのことを教えられないかぎり、彼は自分の思い違いを認めようとはしないだろう。それほどまでに、ひとは特定の心理状態をそれに伴う意識的運動によって測りたがる傾向があるのだ！　これらの事実や同じ種類の他の多くの事実から、思うに、次の結論が出てくるるであろう。すなわち、筋肉努力の増大についての私たちの意識は、末梢的感覚の数の増加とそれらの感覚のいくつかに突然生じた質的変化との二重の知覚に帰着するのだ、と。

してみれば、ここに至って私たちは、心の深い感情の強さと同様に、表面の努力の強さを定義したことになる。どちらの場合にも、質的進展と、ぼんやり統覚されながら増大する複合性とがある。だが、意識は空間において考えることに慣れ、その考えたものを自分自身に話すのに慣れているから、感情をただの一語によって指し示し、努力をそれが有用な結果を生み出すまさにその一点に局在化してしまうだろう。そのとき、意識は努力をいつも自分自身に同一にとどまりながら、意識によって指定された場所で大きくなるものとして統覚し、また感情を〈名前を変えないまま、その性質も変えずに大きくなるもの〉として統覚するであろう。私たちがこうした意識の錯覚を表面の努力と深い感情との中間状態のうちにも見いだすようになるのは、まず確かである。実際、大多数の心理状態は筋肉収縮と末梢感覚を伴っているのだ。これら表面の諸要素が相互に整えられるのは、純粋に思弁的な観念によることもあれば、実践的な次元での表象によることもある。前者の場合、知的努力あるいは注意が働く。後者の場合、激しいとか鋭いとか呼びうるようなさまざまな情動、例えば怒り、怖れや、また多彩ないくつかの喜び、苦しみ、情念、また欲望などが生じる。強さの定義がこれらの中間状態にも適合することを手短かに示すことにしよう。

注意と緊張

注意は純粋な意味では生理的な現象ではないが、運動がこれに伴うということは否定できないだろう。これらの運動は注意現象の原因でも結果でもない。それらは現象の部分であり、リボー氏があのように見事に示したように、現象を拡がりにおいて表現しているのだ[6]。すでにフェヒナー氏は感覚器官における注意の努力の感情を「さまざまな感覚器官と関係する筋肉を一種の反射作用で動かすことによって生み出された」筋肉感情に帰していた。彼が注目したのは、何かを思い出そうとして大変な努力をするとき経験される頭の皮膚の緊張と収縮とのきわめてはっきりとした感覚、つまり頭蓋全体に対する外から内への圧迫である。リボー氏に話を戻すと、彼は意志的注意に特徴的な運動をもっと詳しく研究した。彼はこう述べている。「注意は額頭部を収縮させる。この筋肉は……眉を引き寄せ、つり上げて、額に横皺を生じさせる。……極端な場合には、口が大きく開かれる。子供たちでも多くの大人たちでも、きつく注意すると、唇を突き出して、一種のふくれ面になる」。たしかに意志的力のなかには純粋に心的な要因が常に入り込むだろうが、それは時間をかけて専念したいと願っているのとは無縁な観念を意志によって排除することに他ならないだろう。しかし、ひとたびこの排除がなされると、私たちは心の緊張の増加、非物質的な努力の増大を意識しているとまたしても思い込むようになる。そうした印象を分析してみよ。すると、そこには身体の表面に及ぶ筋肉収縮の感情、あるいはその緊張が圧迫、疲れ、苦しみにというふうに性質を変えていくような筋肉収縮の感情以外のものは見いだされないであろう。

激しい情動

ところで、注意の努力と、激しい欲望やたけり狂った怒り、熱烈な恋や激越な憎しみといった心の緊張の努力と呼びうるようなものとのあいだに、本質的な差異は見られない。これらの状態の各々は一つの観念によって整えられる筋肉収縮の一体系に帰着すると思われるからだ。ただ、注意の場合、その観念は認識についての多かれ少なかれ反省的な観念であり、情動の場合、行動についての非反省的な観念である。したがって、これら激しい情動の強さは、これらに伴う筋肉の緊張に他ならないはずである。ダーウィンは憤怒の生理的徴候を次のように見事に記述している。「心臓の鼓動は速くなる。顔は赤くなるか、死人のように蒼白くなる。呼吸はしづらくなり、胸はむかつき、鼻孔は震えて開く。ふつう身体全体が震える。声が変質する。歯を食いしばるか歯ぎしりをする。こうして筋肉組織が全般的に刺激されて、何か激しい、ほとんど狂乱的な行為へと駆り立てられる。……これらの動作は、多かれ少なかれ申し分なく、敵に打撃を加えたり敵と戦う行為を表している」[7]。私たちは、ウイリアム・ジェームズ氏とともに[8]、憤怒の情動がこれらの器官の感覚の総和に還元されるとまで主張しようとは思わない。たしかに怒りのなかには還元できない心的要素がいつも入ってくるだろうが、その場合、その要素はダーウィンが語っている殴ったり戦ったりするという観念、きわめて雑多な諸運動に共通の方向づけを与える観念に他ならないだろう。しかし、こうした観念が情動状態とそれに伴う諸運動の動向を決定するのであれば、状態そのものの強さの増大は、思うに、身体組織の動揺が次第に深くなるということに他ならないだろうし、だからこそ意識はその動揺を当の表面の数と拡がりとによって容易に測ることができるのである。抑制された、それだけにいっそう強い憤怒というものがある、と言いつのっても無駄であろう。というのも、情動が自由奔放に振る舞えるところでは、意識は随伴する諸運動にいちいち立ち止まるのではなく、むしろ反対に、それらの運動を表に出すまいとするときに、そこに立ち止まり、それらの運動に集中するものだからである。最後に、器官の動揺のあらゆる痕跡、筋肉の収縮のあらゆる形跡を取り除いてみよ。怒りについて残るのは或る観念だけであろう。その観念を情動だとそれでもなお言い張っても、それに強さを付与することはできないであろう。

「強い怖れは叫び声や、隠れたり逃げたりする努力や、動悸や震えなどによって表現される」とハーバート・スペンサーは言う。(9) 私たちはさらに推し進めて、これらの運動は怖れそのものの一部をなすと主張したい。それらの運動によって、怖れは強さのさまざまな段階を通過しうる一つの情動になるのだ。これらの運動を取り除けば、強さの大小をもつ怖れに引き続いて、怖れの観念、例えば避けるべき危険についてのまったく知的な表象が起こるであろう。また、喜びや苦しみや欲望や嫌悪にも、そして恥じらいにさえ鋭さというものがあるが、その存在理由は身体組織が開始し、意識が知覚する自動的な反応の運動のうちに見いだされるであろう。「恋愛は心臓をどきどきさせ、呼吸を速め、顔を赤らめさせる」とダーウィンは言っている。(10) 嫌悪は、嫌いなもののことを考えるとき、それとなく繰り返される嫌忌の運動によって示される。恥ずかしさを感じるときには、それが過去の思い出であっても、赤くなったり、思わず知らず指がひきつる。これらの情動の鋭さは、それらに伴う末梢的な感覚の数と性質とによって推算される。少しずつ、また情動的な状態が激しさを失って深さを増すに応じて、末梢的な感覚は内的な諸要素にとって代わられる。これらの要素はもはや私たちの外的運動ではなく、私たちの観念、追憶といった意識一般の諸状態であり、これらの意識状態が、数の大小こそあれ、特定の方向に向かうことになるのである。したがって、強さという観点から言えば、私たちがこの研究の最初に述べた深い感情と、いま検討してきた鋭いないし激しい情動とのあいだには、何ら本質的な差異はない。愛や憎しみや欲望が強さを増すと言うことは、それらが外部へ投射され、表面へ放射状に拡がり、末梢的な感覚が内的な諸要素にとって代わると言明するに等しい。しかし、これらの感情の強さは、表面のものであれ深いものであれ、激しいものであれ反省されたものであれ、意識がそこにぼんやりと見分ける単純な諸状態の数の多さから常に成り立つのである。

感情的感覚

私たちはこれまで感情と努力、つまりその強さが外的原因にまったく左右されない複合状態に問題の考察を限ってきた。だが、感覚が本来は単純状態として現れるのだとすれば、それらの大きさは何によって成り立つのか。そして、これらの感覚の強さが、その意識的等価物とみなされる外的原因と同様に、変化するのだとすれば、量が非延長的な、そして今度は分割できない結果のうちに侵入するのをどうやって説明するのか。この問いに答えるためには、まずいわゆる感情的感覚と表象的感覚とを区別しなければならない。たしかに一方から他方へと段階的に移行がなされはする。私たちの大部分の単純な表象のうちに感情的要素が入り込むのも疑いを容れない。しかし、その要素だけを取り出して、快感なり苦痛といった感情的感覚の強さが何によって成立するかを別々に研究しても何の支障もないだろう。

おそらくこの問題の難しさは、感情的状態のなかに身体組織の動揺の意識的表現か、もしくは外的原因の内的反響以外のものを見ようとしない点にとりわけ起因するであろう。より大きい一つの神経的動揺には一般により強い一つの感覚が対応するということが認められる。しかし、こうした動揺が複数になると、それらの動揺は、意識にとってはおよそそれらとは似ていない一つの感覚という様相をとるため、運動としては意識されないようになるので、それらが自分たち自身の大きさについて何かをどうやって感覚に伝えるのか分からないのだ。なぜなら、繰り返して言うが、例えば振幅のような重ね合わせることのできる大きさと、空間を占有しない感覚とのあいだには、何の共通点もないからである。より強い感覚がより弱い感覚を含むように思われたり、またそれが私たちにとって、身体組織そのものと同じように、一つの大きさというかたちをとったりするのは、たぶん、それがそれの対応する物理的動揺のうちの何ものかを保持しているからであろう。かといって、それが分子運動の意識への翻訳にすぎないなら、それは何らそのようなものは保持しはしないであろう。なぜなら、この運動は、まさに快さや苦しみの感覚へと翻訳されるが故に、分子運動としては意識されないままにとどまるからである。

とはいえ、快感や苦痛は、通常そう思われているように、身体組織のなかで今起こったばかりのことや現に起こっていることだけを表現するのではなく、これから生じようとしていること、起ころうとしていることをも示しているのではないだろうか。実際、あれほど徹底して功利的な自然が、もはや私たちにはどうにもならない現在や過去について情報を与えるというまったく科学的な仕事をこのような場面で意識に割り当ててくれたなどということは、およそありそうもないことだと思われる。その上、注目しなければならないのは、私たちがごく緩慢な段階を経て自動的運動から自由な運動へと高まっていくということ、また後者の運動は特に、その機会となる外的反応とそれに引き続いて起こる意志された反応とのあいだに、感情的感覚の介入することを示すという点で、前者の運動とは異なるということである。私たちのすべての運動は自動的であると考えることさえできるだろうが、またそれに加えて、外的刺激から意識という媒介物を経ずに特定の反作用を蒙るような無数の生物が多種多様存在することもよく知られているのである。或る種の特権的な生物に快感や苦痛が生じるのは、おそらく、それらの感情的感覚を自分の持ち分として、いずれ生じるかもしれない自動反応に抵抗できるようにするためであろう。感覚は存在理由をもたないか、それとも自由の始まりかである。しかし、もし感覚が何らかのはっきりした印によって、どういう性質の反作用が準備されているのか知らせてくれていたのでないとすれば、どうして私たちはその反作用に抵抗できるであろうか。また、この印が体験されている感覚の内部そのものにある未来の自動運動の素描、言わば前駆的形成でないとしたら、それはそもそも何の印たりうるのであろうか。そういうわけで、感情的状態はすでに存在した物理的〔肉体的〕現象、つまり動揺や運動に対応するだけでなく、とりわけ、準備されている現象、存在しようとしている現象にも対応するのでなければならない。

たしかに、こうした仮説がどうして問題を単純なものにすることになるのか、初めのうちは分からない。というのは、私たちは物理現象と意識状態とのあいだにありうる共通点を大きさの観点から求めているわけであって、それ故、現在の意識状態を、過ぎ去った刺激の翻訳だとしないでむしろ来るべき反作用の指標だとしたところで、ただ困難を裏返しただけにとどまるように見えるからだ。けれども、二つの仮説のあいだには相当な違いがあるのだ。というのは、少し前に述べた分子の動揺は、これらの運動自身、それを翻訳する感覚のうちには何ら存続しえない以上、必然的に非意識的なものであったからである。これに対し、蒙った刺激に従おうとし、やがてその自然な延長を形成することになる自動運動は、おそらく運動としては意識的なのであって、さもなければ、私たちにこの自動運動と他の可能なさまざまな運動とのあいだで選択する気にさせることを役目とする感覚そのものが何の存在理由ももたないことになるだろう。したがって、感情的運動の強さは、私たちが非意志的な運動についてもつ意識に他ならないであろう。この非意志的な運動は、とりあえず始まり、そのような状態のなかで言わば下絵を描かれるが、仮に自然が私たちを意識的存在ではなく、自動人形にしていたとしても、それなりに自由なコースをたどったことであろう。

以上のような推論に根拠があるとすれば、強さを増していく苦痛というものは、次第に響きを高めてゆく音階の一つの音にではなく、むしろ楽器の数が増えていくのが聴きとれるシンフォニーに比すべきであろう。他のすべての感覚に基調を与える特徴的な感覚の内部に、意識は、多い少ないの差はあるが、筋肉収縮、あらゆる種類の器官運動といった末梢のさまざまな部位から発する相当な数の感覚を見分けるであろう。すなわち、これらの要素的な心的状態の合奏は、新しい状況の発生に直面した身体組織の新たな要求を表しているのである。換言すれば、苦痛の強さは私たちがそれに関心をもつ身体部分の大小によって推計されているのだ。リシェ氏(11)の観察によると、ひとは苦痛が弱くなればなるほど、それだけ正確な場所に自分の病気を帰し、それがいっそう強くなると、病んでいる手足全体に帰するという。そして、結論として、「苦痛は強ければ強いほど、その分だけ拡がる(12)」と述べている。私たちはこの命題を裏返して、まさに苦痛の強さを、意識が公然と黙認するなかで苦痛に共感し反応を起こす身体部分の数と拡がりとによって定義しなければならないと考える。それを確信するには、同じ著者が嫌悪感についておこなった注目すべき記述を読めば十分であろう。「刺激が弱ければ、吐き気を催すことも、吐くこともありえない……。より強くなると、刺激は迷走神経にとどまることなく、身体組織の生命のほとんど全系統に拡がり、及んでいく。顔は青ざめ、皮膚の平滑筋は収縮し、皮膚は冷や汗におおわれ、心臓は鼓動を中断する。つまり、一言で言えば、延髄の刺激に引き続いて身体組織全般の混乱が起こる。この混乱こそ嫌悪感の極度の表現なのである」[13]。――だが、それは嫌悪感がただ表に現れる症状を示したというだけのことだろうか。だとしたら、嫌悪の全般的感覚は、それらの要素的感覚の総和以外の何によって成り立つと言うのだろうか。さらに、強さの増していくということは、すでに統覚された感覚に付け加わってくる感覚の数が絶えず増えていくということでないとすれば、この場合、それを何と解することができるだろうか。ダーウィンは次第に鋭くなる苦痛に引き続いて起こる反作用について、はっと頷かせるような描写をしている。「苦痛はそれを生み出す原因から逃れようとする最も激しく最も多様な努力をするように動物を駆り立てる。……強い苦しみのなかでは、口は堅く収縮し、唇は痙攣し、歯はきっと食いしばられる。両眼が大きく見開かれたり、眉がひどくひそめられることもある。身体じゅう汗びっしょりになり、血液循環も呼吸も変化する」(14)。——まさにこの関連し合った筋肉の収縮によって私たちは苦痛の強さを測っているのではないだろうか。諸君が苦痛の極みだと言い立てる観念を分析してみよ。そのことで諸君が言わんとしているのは、その苦痛は耐えがたいということ、つまりその状況から逃れるために無数の多種多様な行動をとれ、と苦痛そのものが身体組織をそそのかしている、ということではないのか。神経はあらゆる自動反応から独立して苦痛を伝えるものだと考えられている。また、刺激は、強さに大小の違いはあれ、この神経にさまざまなやり方で影響するものだとも考えられている。しかし、これらの感覚の差異は、諸君がそれらを、通常はそれらに伴っているような大なり小なり拡がっており、大なり小なり重大である反応に結びつけようとしなければ、意識によって量の差異と解せられることはないだろう。このような引き続いて起こる諸反応がなければ、苦痛の強さは量ではなく、質だということが分かるはずなのだ。

いくつかの快感を相互に比較する場合も、そのための手段は他にない。より大きい快感とは、えり好みされた快感でないとすれば、いったい何であろうか。そして、えり好みとは、二つの快感が同時に精神に示されたとき、その一方に私たちの身体を傾かせるような身体器官の或る種の性向でないとすれば、何であろうか。この傾向性を分析してみよ。そうすれば、無数の小さな運動が起こり始め、それに関係のある諸器官のなかで、いや身体の他の部分においてさえ、あたかも表象された快感を迎えにいくかのように、次第にはっきりと姿を見せるようになるのが分かるだろう。傾向性を運動と定義する暗喩を弄しているわけではない。知性によって考えられたいくつかの快感に直面して、身体は、まるで反射作用によるかのように、それらのうちの一つに自発的に向かう。それを中止するかどうかは私たち次第であるが、しかし快感が魅力と考えられているということは、とりも直さずその運動が始まってしまっているということであり、快感の激しさそのものも、他のすべての感覚を拒んで、そこにのめり込んでいる身体組織の惰性に他ならない。この惰性の力は、私たちの気を逸らせるかもしれないものに対する抵抗によって自覚されるものだが、この力がなければ、快感は依然として状態であり、大きさではないということになろう。精神の世界においても、物質の世界においても、引力〔＝魅力〕は、運動を牛み出すよりも、それを説明するのに役立つのである。

表象的感覚

私たちはこれまで感情的感覚をそれだけ独立に研究してきた。今後は表象的感覚に注意することにしよう。その多くは感情的感覚をそなえており、したがって私たちの側に反応を引き起こす。感覚の強さの評価の際に私たちが考慮に入れているのは、この反応なのである。例えば、光の著しい増大は、まだ苦痛とは言えないが、めまいにも似た特徴的な感覚として現れる。また音も、その振幅が増すにつれて、私たちは頭が、次いで身体が震えるように思われるし、ショックを受けるような印象を感じる。味、におい、温度といった或る種の表象的感覚は常にと言っていいほど快ないし不快な性格をもっている。より苦い味とより苦くない味とのあいだには、ほとんど質の差異しか見分けられまい。それは同じ色のさまざまな色調のようなものだ。ところが、これらの質的差異は、それらの味にそなわる感情的性格と、それらの味が暗示する快感や嫌悪といった多少とも際立った反作用の運動のために、たちまち量の差異として解釈されてしまう。その上、感覚が純粋に表象的なものにとどまるときにも、その外的原因が或る程度の強さなり弱さを超えると、その感覚を測るのに使用される運動を私たちの側に引き起こさずにはいない。実際、ときには、まるで逃げでもしそうな、その感覚を見つけるのに努力しなければならない場合もある。ときには反対に、その感覚が私たちに襲いかかり、押し迫り、私たちを吸い取ってしまいそうになるので、自由な身になり、自分を見失わないために全努力を払わなければならない場合もある。前者の場合、さほど強くないと言われ、後者の場合、非常に強いと言われる。例えば、遠くの音を知覚したり、仄かなにおいや微かな光と呼ばれるものを見分けたりするために、私たちは私たちの活動のすべてのバネを引き締めて「注意を凝らす」。だとすると、においや光が弱いものとして現れるのは、まさにその時それらが私たちの努力の増強を要求するからなのだ。反対に、感覚が私たちの側に抵抗できない自動的反応運動を引き起こすときや、それが私たちにどうしようもないという無力感を与えるときに、極端な強さの感覚がそれと認められるのである。耳元で発射された大砲の一撃や突然輝き出すまばゆい光は、一瞬の間、私たちから人格意識を奪ってしまう。こういう状態は素因のある人の場合、長引くことさえあるだろう。付け加えて言っておかなければならないが、中くらいと言われる強さの領域においても、つまり表象的感覚をどちらかが強いとか弱いとかではなく同等に扱う場合でも、私たちはしばしばその重要さをそれがとって代わった別の感覚と比較したり、あるいはそれが立ち戻ってくる執拗さを考慮したりすることによって評価してしまうということである。

例えば、時計のチクタクいう音が夜中によりいっそう大きく響くのは、それが感覚や観念のほとんど空っぽになっている意識を難なく吸い取ってしまうからである。また、私たちの知らない言語で話し合っている外国人が非常に高い声で話しているような印象を与えるのは、彼らの言葉がもはや何の観念も私たちの精神のなかに喚起せず、一種の知的沈黙のなかで鳴り響いて、夜中の時計のチクタクという音と同じように、私たちの注意を独占してしまうからである。とはいえ、これらのいわゆる中くらいの感覚とともに、私たちはその強さが新しい意味をもつはずの一連の心的状態に近づくことになる。というのは、たいていの場合、身体組織は、少なくとも明らさまには、ほとんど反応しないわけだが、それでもやはり私たちは音の高さ、光の強さ、色の飽和を大きさとして示しているからである。しかじかの音を聞き、しかじかの色を知覚するとき、身体組織全体のなかで何が起こっているかを子細に観察してみると、おそらく私たちは何度となく驚かされるだろう。Ch・フェレ氏は、あらゆる感覚が力量計で測定できる筋肉力を伴うことを証明したのではなかっただろうか。(15) とはいえ、この増加は意識にはほとんど感じられない。が、それでも私たちが音や色、さらには重さや温度でさえも正確に区別していることを省みてみると、ここに新しい評価の要素が介入してくるに違いないということは難なく見てとることができよう。その上、この要素の性質は規定しやすいものなのである。

実際、或る感覚がその感情的性格を失って表象の状態に移行するにつれて、それが私たちの側に引き起こした反応運動は消えていく傾向がある。しかし同時にまた、私たちはその感覚の原因である外的対象を統覚している。あるいは、そうでなくても、以前に統覚したことはあるわけであって、その後でそのことを思考するのである。ところで、この原因は延長的で、したがって測定できるものである。経験、すなわち意識の最初の微光とともに始まり、私たちの全人生を通じて続けられる経験は、どの瞬間にも、私たちに特定の刺激値には特定のニュアンスが対応することを示すのだ。そのとき、私たちは結果のうちの或る質に対して原因のうちの或る量の観念を結合し、遂には、後天的などんな知覚にも起こるように、観念を感覚のなかに、原因の量を結果の質のなかに置き入れるようになる。まさにこの瞬間に、感覚の或るニュアンスないし質に他ならなかった強さは、大きさになるのだ。このプロセスは、例えば右手でピンをもって、次第に強く左手を突き刺していけば、容易に理解されるだろう。まずくすぐられたような感じがし、次いで接触感の後にちくりとした痛みが続き、それから一点に局在化された苦痛、最後にその苦痛が周辺一帯に拡散していくのが感じられるだろう。そして、そのことを反省してみればみるほど、それらが質的に別々の感覚であるのと同様に同じ種類のさまざまな変異であるということが分かるだろう。ところが諸君は初めのうちは、唯一つの同じ感覚が次第に周辺へと拡大し、ちくりとする痛みがだんだん強くなると言っていたのだ。それは、突き刺された左手のなかに、それを突き刺す右手の漸進的な努力をそれと気づかぬまま局在化してしまったからである。こうして結果のなかに原因が導入され、無意識裡に質が量として、強さが大きさとして解釈されてしまったのである。あらゆる表象的感覚が同じ仕方で理解されているに違いないことは、容易に見てとれる。

音の感覚

音の感覚は強さのきわめて際立った度合いを示す。これらの感覚の感情的性格や身体組織全体が受け取る動揺を考慮しなければならないということはすでに述べたし、また非常に強い音が私たちの注意を吸い取り、他のすべての音にとって代わるということも示した。しかし、ここで、時おり頭や身体全体のうちにすら強く感じられるショック、はっきりした特徴をもつ振動を除外して考えてみよう。また、同時に聞こえる音が相互のあいだでおこなう競合のことも度外視してみよう。聞こえる音というその規定しがたい質以外に、いったい何が残るだろうか。ただ、この質は直ちに量として解釈されてしまう。それというのも、例えば或るものを叩き、それによって一定量の努力を傾けることを通して、諸君自身が量というものを何度も得た経験があるからなのだ。また、類似の音を生み出すためにはどの程度まで声を大きくしなければならないかも分かっているので、音の強さを大きさに仕立て直すとき、この努力の観念がすぐに私たちの精神に現れてくるのだ。ヴント(16)は、人間の脳のなかでおこなわれる発声の神経線維と聴覚の神経線維とのまったく特殊な連結について、注意を促したことがある。聞くことは自分自身に話しかけることだ、と言われてはいないだろうか。他人の会話を聞いていると、自分も唇を動かさずにはいられない或る種の神経病者たちがいるが、これは誰にしも起こることを誇張しているだけなのである。もし聞いた音を私たちが内心で繰り返し、そうすることで音がそこから出てきた心的状態へ、つまり言葉では言い表せないが、身体全体がとる運動によって暗示される原初の状態へ自分を移し直しているのだということを認めないとしたら、音楽の表現的な、あるいはむしろ暗示的な能力をどうして理解できるだろうか。

したがって、中くらいの力をもった音の強さを大きさとして語るとき、私たちはなんずく、新たに同じ聴覚を得るためになすべき努力には多い少ないがあると暗に言及しているわけである。しかし、音には、強さとは別に他の特質、つまり高さというものが区別される。では、私たちの耳が知覚するような高さの差異は量的な差異であろうか。なるほど非常に鋭い音が空間中のより高い位置のイメージを喚起するということは認めよう。だが、そのことから、音階の各音が異なるのは、それらが聴覚の対象である以上、質とは別なふうによってなのだということになるだろうか。物理学が教えてくれたことは忘れて、音の高低について私たちがもつ観念を注意深く検討してみて、その上で言ってもらいたいが、諸君はまったく単純に、その音を今度は自分で出すためには声帯の緊張筋にどれだけの量の努力を払わせなければならないか、その多寡のことだけを単純に考えているのではないか。声が一つの音から次の音へ移るための努力は非連続的なので、これらの継起的な音は、突然の飛躍によって順次、またこれらの音を分かつ間隔を飛び越えながら達せられるような空間の諸点として表象されるであろう。まさにこのことこそ、音階の各音のあいだに音程という間隔が設けられる理由である。なるほど、音が配置される線が水平ではなく、むしろ垂直であるのはなぜか、また、或る場合には音が上がると言い、他の場合には音が下がると言うのはなぜかはまだ分からない。鋭い音が頭部のなかに共振の効果を生み、重々しい音が胸郭のなかにそうした効果を生むように思われることは異論の余地がないし、こうした知覚がおそらく、現実であれ錯覚であれ、音程を垂直に数えさせるのに一役買ったのであろう。しかし、未熟な歌手の場合、胸声〔声楽で声区の最も低い部分〕を出す際、声帯の緊張の努力が大きくなればなるほど、それに関与する身体の表面がその分大きくなるということにも注目しなければならない。それこそ、その歌手にもっと努力しなければと感じられる理由なのだ。そして歌手は下から上へ空気を吐き出すから、空気の流れが生み出す音にも同じ方向を授けるのであろう。だから、まさに下から上への運動によって、より大きい身体部分と声の筋肉との共感が表されることになるのだ。そうしたとき、その音はより高いと言うのは、身体が空間中のより高いものを手に入れようとするかのように努力するからである。こうして音階の各音に高さを割り当てる習慣がついたので、物理学者がこれら各音をそれが一定時間内に対応する振動数によって定めることができたとき、もはや私たちは耳が量の差異を知覚すると言って憚らないのである。しかし、音は、それを生み出す筋肉的努力やそれを説明する振動をそこにもち込まなければ、純粋な質にとどまったことであろう。

熱と重さの感覚

　ブリックス、ゴールドシャイダー、ドナルドソンの最近の実験は、冷たさと熱さを感じるのは身体表面の同じ部位ではないことを示した[17]。したがって、生理学は今後、熱感覚と冷感覚とのあいだに、もはや程度の区別ではなく、性質の区別を打ち立てようとする傾向にある。しかし、心理学的観察はもっと先まで進んでいく。なぜなら、注意深い意識なら、熱のさまざまな感覚のあいだに、冷のさまざまな感覚のあいだにもあるのと同じように、種別的差異を難なく見つけるだろうからだ。より強い熱は現実には別の種類の熱である。私たちがそれをより強いと言うのは、熱源に近づいたり、あるいはより大きな身体表面が熱の影響を受けたとき、それと同じ変化を何度も体験したことがあるからだ。その上、熱と冷の感覚は直ちに感情的になるものであって、その場合、私たちの側にその外的原因を測定する多少とも目立った反応を引き起こすのである。では、どうしても私たちはこの原因の介入的力能に対応する諸感覚のあいだに、同じような量的差異を設けざるをえないはずではないのか。これ以上は述べ立てないことにしよう。感覚の原因について過去の経験から教えてもらったことをすべて一掃し、感覚そのものにじかに向き合うことによって、この点を各自綿密に問い質せばよいことである。とはいえ、そうした吟味の結果がどうなるか私たちには目に見えている。すぐに気づかれるであろうが、表象的感覚の大きさは原因を結果のなかに移し入れたからであり、感情的要素の強さは、感覚のなかに、外的刺激を継続する多少とも重大な反応運動を引き入れたことに基づくのである。圧迫感、また重量感についても、同じ吟味をお願いしたいものだ。手の上に加えられた圧迫が次第に強くなると言うとき、これによって、接触が圧迫になり、次いで苦痛になり、そしてこの苦痛そのものが、多くの段階を経た後に、周辺領域に拡散したと表象されているのではないかどうか調べていただきたい。さらにまた、諸君は次第に強くなる、つまり次第に拡がっていく拮抗力を介入させ、それを外的圧迫に対抗させているのではないかということを特に調べていただきたい。精神物理学者は、より重い重量をもち上げるとき、感じられているのは感覚の増大だ、と言う。だが、この感覚の増大はむしろ増大の感覚と呼ばれるべきではないかどうか、検討していただきたい。問題のすべてがそこにあるのだ。というのは、前者の場合、感覚は、その外的原因と同様、一つの量ということになるだろうし、後者の場合、その原因の大きさを表すものとなった一つの質だということになるからである。重いものと軽いものの区別は、熱いものと冷たいものの区別と同じくらい、時代遅れで素朴なものだと思われるかもしれない。だが、この区別の素朴さそのものがそれを一つの心理的現実にしてしまっているのだ。しかも、単に重いものと軽いものが意識にとってそれぞれ異なった類をなすだけでなく、軽さと重さのさまざまな度合いはこの二つの類と同じ数だけの種であるということになってしまっているのである。さらに付言しなければならないのは、質の差異はここではおのずと、与えられた量をもち上げるために身体が払う努力の拡がりの大小によって、量の差異へ翻訳されるということだ。このことについては、一つの籠を、実は空なのに屑鉄でいっぱいだと言われて、もち上げさせられた場合、難なく納得がゆくだろう。籠をつかむとき平衡を失うような気がするだろうが、それはあたかも、無関係な筋肉があらかじめこの作業に関わっていたのに、突然、肩すかしをくわされたかのようである。特定の部位において重さの感覚が測られるのは、特に身体組織のさまざまな部位でなされるこれらの共感的努力の数と性質とによってなのであって、もしそこにこのように大きさの観念が導入されなければ、その感覚はとりもなおさず一つの質だとみなされたであろう。それにまた、この点についての錯覚を強めるのは、等質的空間のなかでは等質的運動が直接に知覚されると信じる、身についた習慣である。例えば、身体の他の部分は不動のままにしておいて、或る軽い重量を腕でもち上げるとき、私はその各々がそれぞれの「局所標識」、それ固有のニュアンスをもつような一連の筋肉運動を体験する。この場合、私の意識はこの系列を空間のなかの連続的運動の意味に解釈してしまう。その後で、より重い重量を同じ高さに同じ速度でもち上げると、私は新たな系列の筋肉感覚を経験することになるが、その各々は前の系列の対応項とは違っている。このことはよく調べれば苦もなく納得できることであろうが、この新たな系列をもまた連続的運動の意味に解釈し、しかもこの運動が前の運動と同じ方向、同じ持続、同じ速度をもつために、私の意識はどうしても感覚の第二の系列と第一の系列とのあいだの差異を、その運動そのものとは別の場所に局在化せざるをえなくなる。その場合、私の意識はその差異を、動かしている腕の先端に具体化しているわけだが、そのため、重さの感覚は大きさとは異なるのに、運動感覚は二つの場合に同じであると意識そのものが納得してしまうのだ。しかし、運動と重さが反省的意識のなす区別であるのに対し、直接的意識は言わば重たくなる運動の感覚をもつのであり、そして、この感覚そのものは、分析にかけてみれば、その各々がそのニュアンスによってそれが生み出される場所を、またその色合いによってそれがもち上げる重量の大きさを表すような一連の筋肉感覚に分解されるのである。

光の感覚

光の強さを量と呼ぶべきだろうか、それとも質として扱うべきだろうか。というのも、多くの非常に多種多様な諸要素が日常生活のなかで私たちに光源の性質について競うように教えたがっているのに、そのことはあまり注目されてこなかったと思うからである。事物の輪郭や細部が見分けがたいときは、その光が遠くにあるか、消えかかっているのだということは、ずっと前から知っていた。また、目がくらみ、それが前触れとなってふらっとめまいがすることが時おりあるが、この感情的感覚を生み出すのは、強力な光源という原因によるはずだということも経験から分かっていた。光源の数を増やすのと減らすのとでは、物体の稜線も、それが投ずる影も、同じ仕方では浮かび上がってこない。しかし、光がより弱くなったり輝きを増したりするその影響で、有色の表面が――それがたとえスペクトルの単色であろうと――蒙る色調の変化にはさらにいっそう注意を払う必要があると思う。光源が近づくにつれて、紫は青みがかった色調を帯びてき、緑は白っぽい黄に、赤は輝く黄になっていく。逆に、その光が遠のくときは、紺青は紫に、黄は緑に移っていく。遂には赤、緑、紫がともに白っぽい黄に近づいていく。こうした色調の変化はしばらく前から物理学者たちによって注目されてはいた(18)。だが、私たちに言わせれば、別の意味で注目すべきは、たいていの人がそれに注意を向けるか教えられでもしないと、そのことにちっとも気づかないということだ。質の変化を量の変化として解釈することになるのは決まりきっているので、あらゆる事物はそれ固有の、定まった、不変の色をもつということをいっそ原理として立てることから始めてみよう。するとと私たちは、事物の色調が黄か青に近づくとき、照明の増減の影響でそれらの色が変化するように見えるのだとは言わずに、この色そのものは元と同じままだが、ただ光の強さについての私たちの感覚が増減しているのだ、と主張することになるだろう。してみれば、私たちはまたしても意識が受け取る質的印象を悟性がそれについて与える量的な解釈と取り替えてしまっているのだ。ヘルムホルツは、同じ種類の、しかしもっと複雑化した解釈の事例を示して、こう述べている。「スペクトルの二つの色から白を合成し、その二つの有色光の強さを、混合の比率の変わらないように同じ割合で増減すると、感覚の強さの割合は目立って変化するが、合成される色は同じままにとどまる。……このことは、日中は普通の白だとみなされている太陽光線が、光の強さの変わるときには、それ自体、これと同じような色調の変化を蒙る、ということに起因するのである[19]」。

とはいえ、周囲の事物の色調の相対的変化によって光源の変化を判断することはよくあるが、ただ一つの対象が、例えば白い面がさまざまな段階の明るさを次々に経過していくような単純な場合には、もはやそうはならない。この点については、特に強調しなければならない。実際、物理学は光の強さの諸段階を本当の量として語る。現にそれらを光度計で測っているのだ。精神物理学者はもっと先まで進む。彼らは私たちの眼がそれ自身で光の強さを推算していると主張しているのである。初めにデルブーフ氏[20]によって、次にレーマンとネグリック[21]の両氏によって、私たちの光の感覚の直接的測定に精神物理学的定式を確立するための実験が試みられた。私たちはそれらの実験の結果にも、光度測定法の価値にも異議を申し立てるつもりはない。だが、すべてはそれに与えられる解釈にかかっているのである。

例えば、四本の蠟燭に照らされた一枚の紙を注意深く観察し、それから一本、二本、三本と次々に消してみることにしよう。すると、表面は白いままで、その輝きが減ったと言われるだろう。諸君は実際、たったいま蠟燭を消したばかりだと知っているし、あるいは、たとえ知らなくても、それまでに何度も、照明を減らせば、白い表面の変化が同じような様相を呈することに気づいたことがあったのだ。しかし、諸君の記憶と言語習慣を取り除いてみれば、諸君が実際に統覚していたのは白い表面の照明の減少ではなく、蠟燭の消えた瞬間にその表面を通り過ぎる影の層なのである。この影は、諸君の意識にとっては、光そのものと同様、一つの現実である。いっぱいに輝いている元の表面を白と呼ぶのであれば、諸君がいま見ているのは別のものだから、これに別の名を与えなければならないだろう。こんな言い方ができるとすれば、それは白の新たな色合いだと言ってよいだろう。さて、くだくだしく言うまでもあるまいが、私たちは過去の経験によって、また物理学の理論によって、黒を光の感覚の不在か、あるいは少なくともその最小限とみなし、また灰色の次々に変化する色調を白い光の強さの減少とみなすのに慣らされてきたのである。ところが、私たちの意識にとっては、黒は白と同じだけの現実性をもっているし、特定の表面を照らす白い光の減少していくさまざまな弱さも、先入見をもたない意識にとっては、それぞれスペクトルの多様な色に酷似した種々の色合いであるはずなのだ。このことをよく証拠立てているのは、感覚の場合、その外的原因の場合と違って、変化は連続的でないこと、光が増減しても、しばらくのあいだは必ずしも白い表面の照明が変わったようには見えないということである。実際、照明が変わるように見えるのは、新しい質をつくるのに外光の増減だけで十分であるようなときでしかない。したがって、原因を結果のなかに置き入れたり、経験や科学が教えることを素朴な印象と取り替えるような習慣が身についていなければ、特定の色の明るさの変化は——前述した感情的感覚を取り除けば——質的変化に帰着することになるだろう。また、飽和度についてもこれと同様なことが言われうるだろう。或る色のさまざまな強さがその色と黒とのあいだに含まれる同じ数だけのさまざまな色合いに対応するのであれば、飽和の諸段階はその同じ色と純然たる白とのあいだに介在するさまざまな色合いのようなものなのである。どんな色も二重の相のもとに、例えば白の観点と黒の観点とから見ることができると言えよう。だとすると、黒と強度との関係は白と飽和度との関係に等しいだろう。

いまや光度測定実験の意味が理解されよう。一本の蠟燭が一枚の紙からいくぶんか離れて置かれ、或る仕方でそれを照らしている。距離を二倍にすれば、同じ感覚を喚び起こすために四本の蠟燭が必要なことが確認されているとする。このことから諸君は、もし光源の強さを増やさないまま距離を二倍にすれば、照明効果は四分の一の大きさになるはずだ、と結論する。しかし、ここで問題になっているのが物理的効果であって、心理的効果ではないということは、あまりにも明白である。なぜなら、二つの感覚を相互に比較したとは言いがたいからである。私たちは唯一つの感覚を用いて、異なる二つの光源を相互に比較しただけのことであって、しかも第二の光源は第一の光源の四倍、距離は二倍だけ離れているのである。要するに、物理学者がもち出してくるのは決して一方が他方の二倍なり三倍になっている感覚ではなく、同一の感覚にすぎず、これを後で相互に等しいと言えるような物理的な二つの量のあいだの媒介物として役立てているだけなのである。光の感覚は、ここでは、数学者がその計算のうちに導入しはしても、最後の結果からは姿を消させる補助未知数のようなものである。

精神物理学者の目的はまったく別のもので、光の感覚そのものを研究し、しかもこれを測定しようと願っている。ときにはフェヒナーの法則に従って無限小の差異の積分をおこなうこともあるし、ときには一つの感覚と他の感覚とを直接に比較することもある。この後者の方法は、プラトーとデルブーフとに負うものだが、これまでフェヒナーの方法と思われていたものとさして異ならない。ただ、それは光の感覚をより専門的に対象としているので、まずこちらの方に取り組むことにしよう。デルブーフ氏は明るさを変える三つの同心の環の前に観測者を座らせる。巧妙な装置によって、これらの環が白と黒のあいだの中間の色合いをすべて経過できるようにする。これらの灰色の色合いのうち二つが二つの環の上に同時に生み出されるようにし、その灰色が不変のまま保たれると仮定しよう。そしてそれらを例えばAとBと呼ぶことにしよう。デルブーフ氏はそこで、三番目の環の明るさCを変化させ、そしてどの瞬間に、灰色Bが他の二つの灰色から等しい距離にあると見えるかどうかを言ってくれるように観測者に頼む。実際、或る瞬間が来て、そのとき観測者はABの対照がBCの対照に等しいと言明する。したがって、デルブーフ氏によれば、等しい感覚的対照を経ながら各感覚からそれに続く感覚へ通り過ぎていくような光の強さの目盛りをつくることができるということになる。こうして私たちの感覚が相互に測定されるわけだ。だが、私たちはデルブーフ氏がこれらの注目すべき実験から引き出した結論には賛成できない。私たちからすれば、本質的な問題、唯一つの問題は、AとBという要素からつくられたABという対照が、違った仕方でつくられたBCという対照と本当に等しいかどうかということである。二つの感覚が同一でなくとも等しいことがありうる、ということが確立される日が来れば、そのときには精神物理学は根拠づけられることになろう。しかし、この相等性こそ、私たちには異論の余地があるように思われるのだ。実際、或る強さをもつ一つの感覚が他の二つの感覚と等しい距離にあるとどうして言いうるのかということが問題なのであれば、それを説明するのはたやすいことである。

しばらく、こう仮定してみよう。光源の強さの変化は、生まれてこの方、スペクトルの多様な色の継起的知覚によって私たちの意識に翻訳されてきた、と。そうだとすると、これらの色がそれだけの音階音のようなものとして、目盛りにおいて高低差のある諸段階として、一言で言えば、さまざまな大きさとして私たちに現れたであろうということは疑いを容れない。他方、それらの色の各々にそれが系列内に占める位置を割り当てるのも私たちにはたやすいことであったろう。実際、延長的原因が連続的な仕方で変化するのに対して、色彩感覚は非連続的な仕方で変化して、或る色合いから別の色合いへ移っていく。したがって、ＡとＢという二つの色のあいだに介在する色合いの数がどれほど多くても、それらを思考によって、少なくとも大まかには、いつでも数えることができるだろうし、またその数がＢを別の色Ｃから分かつ色合いの数とほとんど等しいことを確かめることもできよう。この場合、ＢはＡとＣとから等しい距離にあるが、その対照は相互に同じであると言われるであろう。だが、それはやはり都合のよい解釈にすぎないとしか言いようがあるまい。なぜなら、介在する色合いの数が双方等しいとしても、一方から他方へ突然の飛躍によって移るのだとしても、そうした飛躍はそもそも大きさなのか、ましてや等しい大きさなのかどうか分からないからである。とりわけ、測定するのに役立った媒介物が、測定された事物のなかに、言わば再発見されるということが証明されなければならないだろう。さもなければ、或る感覚が他の二つの感覚から等しい距離にあると言いうるとしたところで、それはただの比喩でしかない。

ところで、光の強さについて先に述べたことに同意してくれるなら、デルブーフ氏が私たちの考察に提示した灰色の多様な色調は意識にとってまったく色と同様であり、また私たちが灰色の或る色調を他の二つの灰色の色調から等距離だと言明するのも、例えばオレンジ色が緑と赤とから等しい距離にあると言いうるのと同じ意味においてだということを認めてくれるであろう。ただ、そこには次のような相違がある。それは、過去のどんな経験においても、灰色の色調の継起的変化は照明の漸進的増減に際して起こったということである。そのため、私たちは、色彩の差異に対してはそうしようとは思いもしなかったことを、明るさの差異に対しておこなうようになる。すなわち、質の変化を量の変化として立てるのである。その上、照明の連続的減少によって生じる灰色の継起的に変化する色合いは、質である以上は、非連続的であり、またそのうちの二つを分かつ主要な媒介物を近似的に数えることができるから、測定も造作なくおこなわれるわけである。したがって、ＡＢの対照がＢＣの対照に等しいと言明されることがあるとすれば、私たちの想像力が記憶に助けられて両方のあいだに同数の基準点を介在させるような場合であろう。もっとも、こうした推計はきわめて大ざっぱなものになるはずで、それがひとによってかなり違ってくるのは予見できることだ。特に、判断のためらいやずれは、ＡとＢとの環のあいだの明るさの差異が増大すればするほど、その分、衆目に晒されやすいということを覚悟しなければならない。というのも、間に介在する色調の数を推算するためには、ますます苦しくなる努力が要求されるだろうからである。実際その通りだということは、デルブーフ氏(22)が作成した二つの表を一瞥すれば難なく納得がゆくであろう。氏が外側の環と中間の環とのあいだの明るさの差異を増加させるにつれて、同じ観測者ないし異なる観測者たちが交互に報告する数字間の偏差は、ほとんど連続して三度から九四度、五度から七三度、一〇度から二五度、七度から四〇度というふうに増加する。しかし、これらの偏差のことは措いて、観測者たちの証言が常に同じであり、また観測者たち同士でも常に意見が一致すると仮定してみよう。その場合、ＡＢ

の対照とBCの対照とが等しいことが確立されたことになるのだろうか。まず第一に、継起的に観測される二つの基本的対照が等しい量であることが証明されなければならないであろうが、私たちが知るのはそれらの対照が継起するということだけである。次に、光源の客観的強さを推計するためには、特定の灰色の色調のなかに私たちの想像力が通過する下位の色調が再発見されることが確立されていなければならないだろう。一言で言えば、デルブーフ氏の精神物理学はきわめて重要な一つの公準を仮定している。それを実験的な外観の下に隠そうとしても無駄なのだが、それを公式化しようと思えば、次のようになるだろう。「光の客観的な量を連続的な仕方で増加させるとき、継起的に得られる灰色のさまざまな色調のあいだにある差異、各々が物理的刺激について知覚される最小の量を表す差異は、互いに等しい量である。それに加えて、得られた感覚のどの一つをとっても、その感覚は〈それに先行する諸感覚を、感覚ゼロに至るまで、相互に分かつようなさまざまな差異の総和〉に等しいとすることができる」。――ところで、これこそまさにフェヒナーの精神物理学の公準である。以下、これを検討することにしよう。

フェヒナーはヴェーバーによって発見された法則から出発した。それによると、或る感覚を引き起こす或る刺激が与えられたとき、意識が感覚の変化を統覚するためにその刺激に付加しなければならない刺激量は、元の刺激と恒常不変の関係にある。こうして、感覚Sに対応する刺激をEで示し、差異の感覚が生じるためにその元の刺激に付加しなければならない同じ性質の刺激量をΔEで示せば、ΔE/E＝const. を得ることになるだろう。この式はフェヒナーの弟子たちによって根底的に変えられたが、この論争に立ち入ろうとは思わない。ヴェーバーが立てた関係とそれに代わる諸関係のどちらを選ぶかは実験によって決まることだ。その上、この種の法則がおそらくあるだろうということを認めるのに、そうそう難色を示すこともないだろう。実際、ここで問題になっているのは、感覚を測定するということであって、刺激の増加がいつ感覚を変えるか、ちょうどその瞬間を決定するということなのだ。ところで、一定の刺激量が感覚の一定のニュアンスを生み出すとすれば、そうしたニュアンスの変化を引き起こすために必要な最小量もまた決定されているということは明らかである。しかも、それは恒常不変ではないのだから、それが付け加えられる刺激の関数でなければならない。——しかし、刺激とその最小限の増加との関係から「感覚量」とそれに対応する刺激とを結びつける方程式にいかにして移行するのか。精神物理学の全問題はこの移行のうちにある。これを注意深く研究することが大切である。

　ヴェーバーの実験や他のすべての同系統の観察からヴェーバーの法則のような精神物理学的法則へ移行する作業のなかには、多くのさまざまな作為が見分けられよう。まず、私たちがもつ増加についての意識を感覚の増加とみなすのは、よしとしよう。それでそれが ΔS と呼ばれることになる。次いで、或る刺激の知覚されうる最小の増加に対応するあらゆる感覚 ΔS は相互に等しいということが原理として立てられる。その場合、ΔS は量として扱われる。そして、一方ではこれらの量は常に等しく、他方では刺激Eとその最小量の増大とのあいだには実験によって $\Delta E = f(E)$ という一定の関係が与えられるので、ΔS の恒常不変性は、Cを定数とすれば、$\Delta S = C \cdot \Delta E / f(E)$ と書くことによって表される。最後に、微小差異 dS と dE とを無限小差異 dS と dE とに代えて、今度はそこから微分方程式 $dS = C \cdot dE / d(E)$ を導き出すのも、よしとしよう。そうなれば、あとはもう両辺を積分しさえすれば、求める関係[23] $S = C\int dE / f(E)$ が得られるであろう。こうして、検証された法則から検証されえない法則へと移行することになる。前者では感覚の出現だけが問題であったのに、後者ではその大きさを測定するというわけである。
以上の巧妙な〔事実から法則への移行の〕作業に深く立ち入ってとかくの議論をするのはやめて、フェヒナーが問題の真の困難さをどう捉えていたのか、それをどう克服しようとしたのか、また私たちの見るところでは、彼の推論の欠陥はどこにあるのか、そのことを手短かに示すことにしよう。

二つの単純な状態、例えば二つの感覚の相等性および付加ということを、まず定義しておくのでなければ、心理学に測定ということをもち込むことはできないということを、フェヒナーも理解していた。一方、まず分からないのは、同一のものでもないかぎり、どうあっても、二つの感覚が等しいとは言えないということだ。実際、たしかに物質的世界では、相等性は同一性の同義語ではない。しかし、それは、そこではあらゆる現象、あらゆる物体が、性質的なものと延長的なものという二重の相の下に現れるからである。だから、前者を捨象して考えても何ら不都合はない。そうすると、後にはもう、直接にか間接にか相互に重ね合わせることができ、またその結果、ともに同一視できる項だけが残ることになる。しかるに、外的事物の測定を可能にするために、その事物から初めに取り除いておいたこの質的要素こそ、まさに精神物理学が引きとどめ、測量したいと願っているものなのだ。だが、この質Qをその下敷きになっている何らかの物理的量Q′によって計測しようとするのは、無駄である。というのも、QがQ′の関数であることがあらかじめ証明されていなければならないのに、そのことがなされうるのは、まず質QをQ自身の何らかの部分によって計測しておいた場合だけだからである。こうして、熱の感覚を温度の目盛りで測るのは何の差し支えもないだろうが、しかしそれはただの約束事にすぎない。しかも、精神物理学はそのような約束事を退け、温度が変わるときに熱の感覚がどう変わるかを探求する点に成立するものなのだ。要するに、二つの異なった感覚が等しいと言われうるとすれば、何らかの同じ基盤がそれらの質的差異が排除された後にも残る場合だけであるように思われる。しかも他方、この質的差異は私たちが感じるすべてのものなのだから、いったんそれが排除されてしまえば、何が残りうるのか分からなくなるのである。

　フェヒナーの独創性は、この難問を乗り越えがたいものだと判断しなかったところにある。刺激が連続的な仕方で増加するのに感覚は突然の飛躍によって変化するという事実を利用して、彼はこれらの感覚の差異を躊躇なく同じ名前で表した。それらの差異は外的刺激の知覚可能な最小の増大にそれぞれ対応しているのだから、実際、最小(minima)差異である。したがって、これらの差異の特殊なニュアンスないし質を抽象できるであろう。その結果、これらの差異が言わば一斉に同一視されるような共通の基盤が残ることになろう。つまり、それらは一つ一つ最小のもの(minima)なのだ。これこそ求められていた相等性の定義である。付加の定義はおのずとこれに続いて得られるであろう。というのは、意識は刺激が連続的に増大するときに相次いで起こる二つの感覚のあいだの差異を統覚するが、その差異を量として扱い、そして最初の感覚をS、二番目の感覚をS＋ΔSと呼ぶならば、どんな感覚Sも、それに到達するまでに通過してきた最小差異の総和とみなされるはずだからである。すると、もう残っているのは、この二重の定義を利用して、まず差異ΔSと差異ΔEとのあいだに或る関係を樹立し、次いで微分を用いて、二つの変数のあいだに或る関係を打ち立てるという作業だけであろう。なるほど数学者たちはここで、差異から微分へ移ることに異議を唱えることができるだろうし、心理学者なら、量ΔSが恒常不変なものではなく、感覚Sそのものと同様に変化するのではないかと疑問をもつことであろう[24]。ついには、いったんは確立された精神物理学的法則の真の意味についても、文句が出るかもしれない。しかしΔSが量とみなされ、Sが総和とみなされるというそのことだけで、作業全体の基本的公準は認められたことになるのだ。

ところで、この公準こそ、私たちには異論の余地があるように見えるし、またほとんど理解できないものだとさえ思われる。実際、私が或る感覚Sを体験し、刺激を連続的な仕方で増大させるうち、何がしかの時間が経って、この増大を統覚すると仮定してみよう。私はそのとき原因の増大を告げ知らされたわけである。しかし、この告知と差異とのあいだに、どんな関係が打ち立てられるというのであろうか。たしかに告知が成り立つのはここでは、元の状態Sが変化したという点にある。SがS′に変わったのである。しかし、SからS′への移行が算術的な差異になぞらえられるためには、私がSとS′の間隔を言わば意識し、私の感覚能力が何ものかの付加によってSからS′へ高まったのでなければならないだろう。諸君はこの移行に名前を与え、それをΔSと呼ぶことによって、まずそれを一つの実在とみなし、次いでそれを一つの量とみなしている。ところが諸君は、この移行がどういう意味で量なのか説明できないだけでなく、よく反省してみると、これは実在ですらないということに気づくだろう。状態Sと状態S′とが通過されるという現実しかないのだ。たしかにSとS′が数であれば、ただSとS′が与えられている場合でさえ、差異S−S′の実在性を主張することもできよう。というのは、数S−S′は諸単位の或る総和なのである以上、それはSからS′へ移行する際におこなわれる付加の継起的な諸瞬間を表すことになるだろうからである。しかし、もしSとS′が単純な状態だとしたら、それらを分かつ間隔はそもそもどこに成り立つのか。また、第一の状態から第二の状態への移行と称せられているものも、もしそれが二つの状態を恣意的に、また自分に都合のいいように、二つの大きさの差異化と同一視するような思考の作用でないとしたら、いったい何なのだろうか。

意識の与えるものにとどまるか、それとも規約的な表示方式を使うか、このどっちかである。前者の場合、SとS′とのあいだに虹の色調に似た差異が見いだされるであろうが、大きさの間隔は一つも見いだされないであろう。第二の場合、望むなら記号ΔSを導入できようが、しかし諸君が算術的差異について語るのは規約によってであるし、与えられた間隔を総和と同一視するのも規約によってである。フェヒナーの批判者のなかでも最も鋭い人物ジュール・タヌリー氏はこの点を十分に明らかにした。「例えば、五十度の感覚は、感覚のないところから五十度の感覚まで継起するような微分的諸感覚の数によって表されると言われるであろう。……ここには、合法性と恣意性とを同じ程度にない交ぜにしたような定義以外のものがあろうとは思われない(25)」。

私たちには、ひとが何と言おうと、中間段階法によって精神物理学が新しい道に踏み入ったとは思われない。デルブーフ氏の独創性は、意識がフェヒナー説に道理を与えるように見えた特殊な事例、また常識そのものもそこでは精神物理学者となるような特殊な事例を選んだことにあった。彼が問題にしたのは、いくつかの感覚が、たとえ違ったものであっても、それぞれ等しいものとして私たちに直接に現れるのではないか、またこれらの感覚を媒介として、互いに二倍、三倍、四倍になるような感覚表をつくることはできないものか、ということであった。すでに述べたように、フェヒナーの誤謬は、相次いで起こる二つの感覚SとS′とのあいだに、本当は一方から他方への移行しかなく、言葉の算術的な意味での差異などないのに、一つの間隔があると信じた点にあった。しかし、移行がおこなわれる二項が同時に与えられうるということにでもなれば、今度はさらにそれに加えて対照というものが見られるということになるだろう。そして、この対照は、まだ算術的差異ではないにしても、或る面ではそれに似ている。比較される二項は、あたかも二つの数の引き算の場合のように、互いに向かい合っているのだ。いま、これらの感覚は同じ性質をもち、また過去の経験においては常に、物理的刺激が連続的な仕方で増大している間、私たちはそれら感覚の言わば行列に立ち会ってきたのだと仮定してみよう。そうすれば、原因が結果のなかにもち込まれ、そして対照の観念が算術的差異のなかへ溶け込むようになるということは、大いにありそうなことなのである。他方、刺激の進行は連続的なのに、感覚は突然に変化するということは認められているだろうから、与えられた二つのあいだの距離は、おそらく、こうした突然の飛躍を大ざっぱに再構成する数によって、あるいは少なくともごく普通に目印の役をする中間的な諸感覚の数によって、推計されることになるだろう。要するに、対照は差異として、刺激は量として、突然の飛躍は相等性の一要素として私たちに現れることになろう。私たちはこれら三つの要因を一緒に結合して、結局、相等しい量的差異という観念に到達することになる。ところで、これらの条件が、明るさに多少の差がある同じ色の表面が私たちに同時に示されるときほど、よく実現されているところはどこにもない。ここでは単に、同じような感覚相互のあいだに対照があるだけでなく、これらの感覚はその影響が私たちにはいつもその距離と緊密に結びついていると思われた一つの原因に対応しているのだ。そして、この原因は連続的な仕方で変化しうるものであるから、過去の経験において私たちは、原因の連続的な増加に伴って感覚の無数の色合いが相次いで起こるのに注目せざるをえなかった。したがって、例えば灰色の第一の色調と第二の色調との対照は、第二の色調と第三の色調との対照にほぼ等しく見えると言うこともできよう。さらに、それこそは多少とも漠然とした推論がそう解釈しているような感覚なのだと言明して、二つの感覚は等しいと定義すれば、実際、デルブーフ氏が提示するような法則に達することにもなろう。しかし、忘れてならないのは、意識は精神物理学者と同じ中間項を通過していったのであり、したがってその判断の価値はここでは、せいぜい精神物理学者とそっくり同じだということである。すなわち、それは質から量への記号的解釈であり、特定の二つの感覚のあいだに挿入されうるような諸感覚の数の、多少の差はあれ、大ざっぱな推計である。したがって、最小変化法と中間段階法との、つまりフェヒナーの精神物理学とデルブーフ氏のそれとの違いは、人が思うほど大きいものではない。前者は感覚の規約的計測に到達し、後者は特殊な事例を引き合いに出して、同じような規約を採用している常識に訴えているだけである。要するに、どんな精神物理学も、そもそもの初めから、悪循環のなかで余儀なく立ち回らざるをえないのである。というのも、精神物理学はそれが依拠する理論的公準に従って実験的検証を余儀なくされるが、それが実験的に検証されうるのは、その公準がまず認められるときだけだからである。それもこれも、拡がりのないものと拡がりのあるもの、質と量とのあいだには接触点というものがないからだ。なるほど一方を他方によって解釈し、一方を他方の等価物として立てることはできる。だが、遅かれ早かれ、初めにか終わりにか、こうした同一視の規約的性格を認めなければならなくなるであろう。

実を言えば、精神物理学がおこなったことは、常識には馴染み深い考え方を明確に定式化し、その帰結を極端にまで推し進めたにすぎない。私たちは考えるよりはむしろ話すものであるから、また共通の領域たる外的事物の方が私たちの通過していく主観的状態より私たちにとっていっそうの重要さをもつものだから、私たちはこれらの状態のなかにできるかぎりそれらの外的原因の表象をもち込んで、それらの状態を客観化することに一切の関心を傾ける。そして私たちの認識が増せば増すほど、それだけ内包的なものの背後に外延的なものを、質の背後に量を認めるようになり、またそれだけ私たちは前者のなかに後者を置き入れ、感覚を大きさとして取り扱いがちになる。物理学というものは私たちの内的状態の外的原因を計算にかけることをまさにその役割とするもので、これらの内的状態そのものにできるかぎり関わるまいとする。絶えず、かつ断固として、物理学はそれらをそれらの原因と混同する。だから、物理学はこの点に関しては常識の錯覚を奨励し、誇張しさえするのだ。こうした質と量、感覚と刺激との混同に慣れ切ってしまい、いつかは科学が後者を計測する通りに前者を計測しようとするようになる時が来るのは避けがたい運命だったが、そうしたことこそ精神物理学の目標だったのである。この大胆な試みにおいて、フェヒナーは彼の論敵たちにさえ鼓舞された。というのは、論敵であるはずの当の哲学者たちは、心的状態は計測を受けつけないと言明しておきながら、その傍ら、強い大きさという言い方をしているからである。実際、或る感覚が別の感覚より強いということがありうるのであれば、そしてこの不等性が、あらゆる観念連合から、また数と空間についての多少とも意識的なあらゆる考察から独立に、感覚そのもののうちに存立しているのだとすれば、第一の感覚は第二の感覚をどれほど上回っているかを探究したり、両者のあいだに強さの関係を打ち立てたりしようとするのは自然の成り行きである。だから、精神物理学の論敵たちがしばしばおこなっているように、どんな計測も重ね合わせを含むのだから、そして強さはそもそも重ね合わせることのできる事物ではないのだから、さまざまな強さのあいだの数的関係を探し求めても無駄だ、と答えたところで、何の役にも立たない。というのは、その場合には、なぜ或る感覚が別の感覚より強いと言われるのか、また相互に含むものと含まれるものとの諸関係をまったく許さない——これはさっき認められたばかりだ——事物についてどうしてより大きいとか、より小さいとか呼ぶのか、を説明しなければならないだろうからである。それならいっそ、一方は内包的で、ただより多いとか少ないとかを伴うもの、他方は外延的で、計測を許すものというふうに二種類の量を区別し、この種の問題をすべて手っとり早く切り捨てたらどうかというと、これではほとんどフェヒナーや精神物理学者が正しいと認めることになってしまうだろう。なぜなら、或る事物が大きくなったり小さくなったりすることができると認める以上は、それがどれだけ小さくなり、どれだけ大きくなるかを探究することは自然なことに思われるし、その上、この種の測量が直接に可能だと思われないからといって、科学が何か間接的な手続きによって、例えばフェヒナーが提示するような無限に小さい諸要素の積分によって、あるいはそれとは別の迂回手段によって測量に成功できないという帰結は出てこないからだ。二つにひとつだ。感覚は純粋な質なのか、それとも量なのか。後者なら、これを測定しなければならないだろう。

強さと多様性

以上述べてきたことを要約して、こう言おう。強さという観念は、外的原因の表象的意識の諸状態を研究するか、あるいはそれ自体で自己充足している状態を研究するかに応じて、二重の相を示す。第一の場合、結果の或る質によって結果の大きさを推算するところに成立し、スコットランド学派のひとたちの言う後天的知覚にあたる。第二の場合、強さと呼ばれるのは、根底的状態の内部に見分けられる単純な心的諸事実の多様性(多い少ないの違いはあれ)であるが、これはもはや後天的知覚といったものではなく、混雑した知覚である。とはいえ、これらの言葉の意味はたいていは混ざり合っている。というのは、情動や努力が含むより単純な諸事実は、一般に表象的だからであり、また大部分の表象的状態は、同時に感情的でもあるため、それら自身、要素的な心的事実の多様性を包含しているからである。したがって、強さの観念は二つの流れの交流点に位置しているもので、一方の流れは外から外延的大きさの観念をもたらし、もう一方の流れは意識の奥まで内的多様性のイメージを求めにいって、それを表面に導くものだ。それで、残っている問題は、このイメージがどこに存立するのか、それは数のイメージと溶け合うものなのか、それともそれとは根本的に違うものなのか、ということである。以下の章では私たちはもはや意識状態を相互に孤立させて考察するのではなく、それらの具体的な多様性において、純粋な持続のうちで繰り拡げられるかぎりで、考察しよう。

そしてまた、私たちは、表象的感覚の強さが、その原因という観念をそこにもち込まなければどういうものになるかを問題にしたが、それと同じようにいまや、持続の展開する空間を捨象してしまえば、内的状態の多様性はどういうものになるか、持続はどんなかたちをとるかを探究しなければならないだろう。この第二の問題は第一の問題より殊のほか重要である。というのは、質と量との混同が孤立的に捉えられた各々の意識事実に限定されるなら、いままで見てきたように、その混同は曖昧さをつくり出すことはあっても、特に問題をつくり出すことはないだろうからである。しかし、それが私たちの心的状態の系列を侵犯し、持続についての私たちの考え方のなかに空間を導入することにでもなれば、この混同は、外的変化や内的変化についての、また運動や自由についての私たちの表象をその源泉そのものにおいて損なうことになろう。そこからエレア学派の詭弁の問題や自由意志の問題が生まれてくる。私たちが立ち入って論じるのは、どちらかと言えば、第二の点だが、しかし問題解決を求めるというよりは、むしろそういう問題を立てるひとたちの錯覚を示すことにしよう。

第二章　意識の諸状態の多様性について(1)
——持続の観念

数的多様性と空間

数は一般に単位の集合、あるいはもっと正確に言えば、一と多の総合と定義される。事実、すべての数は一である。というのも、ひとはそれを精神の単純な直観によって表象し、それに一つの名を与えるからだ。しかし、この単一性は総和の単一性であり、別々に考えうるさまざまな部分の多数性を含んでいる。さしあたっては、この単一性と多数性の観念を掘り下げることはしないで、数の観念がまだ他に何かの表象を含んでいないか、問題にしてみよう。

数は単位の集合である、と言うだけでは十分ではない。それらの単位は相互に同一であり、あるいは少なくとも、数えられるからには同一だと仮定されている、と付言しなければならない。たしかに、例えば一群の羊たちがいて、それぞれに区別があるとしても、また羊飼いなら難なくそれらを識別するとしても、誰でもそれらの数を数えてみれば、五十匹いると言えるだろう。だが、その場合、羊たちの個体差を無視して、それらの共通の機能だけを考慮することに同意したから、そう言えるのである。これに反し、事物なり個人なりの個別的な特徴に注意を向けるや否や、たしかにその一つ一つを枚挙はできるが、総和を出すことはできない。一隊の兵士たちを数え、点呼をとるときは、私たちはまさにきわめて異なる二つの見地に身を置いているのである。したがって、数の観念は、互いにまったく類似した部分ないし単位の多数性についての単純な直観を含むと言うことができるだろう。

けれども、それらの部分ないし単位はただ一つに混ざり合うわけではないのだから、どこかで区別されていなければならない。群れをなす羊たちがどれも互いに同じだと仮定してみても、少なくともそれらが空間のなかに占める場所という点では異なるし、またそうでなければ一群というものが形成されることもないであろう。しかし、五十匹の羊そのものはとりあえず無視して、その観念だけを取り上げてみよう。その場合、それらをすべて同じイメージのなかに包括するか、もしくはそれらのうちの一匹のイメージを五十回続けて繰り返すか、のどちらかであろう。前者の場合、私たちはそれらを観念的空間のなかに併置しなければならなくなるが、後者の場合、その系列は空間のなかよりはむしろ持続のなかに場所を占めるように見える。だが、そんなことはまったくないのだ。というのは、私が群れをなしている羊たちの各々を順次別々に思い浮かべる場合にも、私が相手にしているのは一匹の羊だけだからだ。私が数え進めるに応じて数が増えていくためには、継起する諸イメージを保持していて、それらを、私が次に喚起する新しい単位の一つ一つと並列しなければならない。ところが、そうした並列がおこなわれるのは空間においてであって、純粋持続においてではないのである。その上、物質的対象を数えるどんな操作もそれらの対象についての同時的表象を含むということ、またまさにそのことによって、それらの対象が空間のなかに置かれるということは、難なく同意してもらえるであろう。しかし、このような空間の直観は、あらゆる数の観念、抽象的な数の観念にさえ、伴うものであろうか。

この問いに答えるためには、各人が、その幼い頃から自分にとって数の観念がどんなさまざまなかたちをとってきたかを検討すれば十分だろう。私たちは例えば一列の球を想像することから始めたが、次いでこれらの球が点になり、最後にはこうしたイメージそのものが消失して、もはやその背後には、言わば抽象的な数しか残らなくなったということが分かってもらえよう。しかし、まさにこの瞬間に、数の方もイメージとして思い浮かばれることを、そして思考されることさえ、やめてしまったのだ。私たちが数について保持したものは、計算に必要な、数を表すのに都合のよい記号だけになる。というのは、十二が二十四の半分だということは、十二という数や二十四という数のことを考えなくても、たしかに断定できるからだ。それどころか、演算を速くするには、そんなことをしない方が断然有利なのである。しかし、単に数字や言葉ではなく、まさに数を表象しようと欲するからには、或る拡がりをもつイメージにどうしても立ち戻らざるをえなくなる。この点について錯覚を生み出すのは、空間のなかでよりはむしろ、時間のなかで数を数える習慣が身についているせいだろう。例えば五十という数をイメージで思い浮かべるためには、一から出発してすべての数を繰り返すことになろう。そして、五十番目に達したとき、その数を持続のなかで、しかも持続のなかだけで、つくりあげたとすっかり思い込んでしまうだろう。なるほど、空間の各点ではなく、時間の各瞬間がそのような仕方で数えられたのだということには異論の余地がない。だが、問題は、持続の各瞬間を数えたのは空間の各点によってではないのか、ということである。たしかに純然たる継起を時間のなかで、しかも時間のなかだけで統覚することはできようが、しかし付加すること、つまり或る総和に達するような継起となると、そうはいかない。というのは、総和というものが異なる諸項をそれぞれ継起的に考えていくことによって得られるとしても、さらに、これらの各々の項は次の項に考えが移るときにもその場にとどまって、他の諸項に付け足されるのを言わば待っていなければならないからである。さて、もしそれが持続の一瞬間でしかないとしたら、どうやって待つことができよう。また、もしそれを空間のなかに局在化していたのでなかったとしたら、どこで待つことができようか。私たちは私たちが数える各々の瞬間を知らず知らずのうちに空間の一点に固定しているのだ。そして、まさにこのような条件でのみ、抽象的な諸単位が一つの総和を形成するのである。もちろん、もっと先で示すように、時間の継起的な諸瞬間を空間から独立に考えることはできる。だが、単位を加算するときに起こるように、現在の瞬間にそれに先立つ諸瞬間を付加するとき、それらの瞬間は永久に消え失せてしまうのである以上、演算の対象となっているのは、それらの瞬間そのものではなく、それらが空間を通過するときそのなかに残していったと思われるような存続しうる痕跡の方なのだ。たしかに、たいていの場合、私たちはそうした痕跡のイメージなしで済ませているし、また最初の二、三の数のためにそのイメージを用いた後は、そのイメージが、必要に応じて、他の数の表象にも役立つだろうと心得ていさえすればよい。しかし、数についての明晰な観念はすべて、空間のなかで見られた像を含むのであって、だから、個別的多様性の構成に関係する諸単位を直接に研究しても、この点に関しては、数そのものの検討と同じ結論に導かれることになるのである。

すでに述べたように、あらゆる数は諸単位の集合であるが、他方あらゆる数は、それを構成する諸単位の総合たるかぎり、単位そのものでもある。しかし、この単位という言葉は、二つの場合に同じ意味にとられているだろうか。数が一であると断定するとき、そのことで私たちが理解しているのは、私たちが精神の単純不可分な直観によってその数をその全体性において表象しているということである。この場合の単位は、一つの全体の単一性という意味なのだから、多様性をうちに含む。しかし、数を構成する諸単位について語るとき、この場合の単位は、思うに、もはや総和ではなく、還元不可能な純然たる単位であって、その用途は互いに無限に合成されて数の系列をつくりあげるよう定められている。してみると、二種類の単位があるように思われる。その一つは、自分を自分自身に加えることによって数をかたちづくるように定められた単位であり、もう一つは、暫定的な単位で、それ自身では多数性でありながら、それを統覚する知性の単純な作用からその単一性を借りてくるような数にそなわっているものである。ところで、数を構成する諸単位を思い描くとき、私たちが不可分なもののことを考えていると思い込んでいることは異論の余地がない。この思い込みがかなりの部分、数を空間とは独立に考えうるという観念のなかに含まれているのだ。けれども、もっと子細に考察してみると、どんな単一性も精神の単純な作用の単一性であり、そしてこの作用は統一することにあるのだから、何らかの多様性がその素材の用をなさねばならぬということが分かるだろう。なるほど、これらの単位をそれぞれ別々に考えているちょうどそのときには、私がそのことだけを考えていることは分かりきっている以上、私はそれを不可分なものとみなしている。しかし、私がそれを脇に放って次の単位に移るや否や、私はそれを客観化し、そしてまさにそのことによって、それを一つの物に、つまり一つの多数性にしてしまうのだ。このことを納得するためには、算術で数をかたちづくる単位が暫定的な単位であって、無限に細分化できること、そしてその各々が想像するがままに小さくも大きくもなりうるような分数量の総和をつくることに注目するだけで十分であろう。もし、この場合、精神の単純な作用を特徴づける、あの定められた単位が問題になっているとしたら、どうして単位を分割できるだろうか。もしその単位を、直観においては一だが空間においては多であるような拡がりをもった事物として暗々裡にみなすのでなければ、どうしてそれを一だと明言しておきながら、それを分割できるだろうか。諸君は諸君の構成した観念から、あらかじめそこに置き入れていなかったようなものを引き出すことは決してできないであろう。また、数を構成する単位が作用の単一性であって、対象の単一性でないとしたら、どんなに苦心して分析したところで、純粋なもしくは単純な単一性以外のものが出現することはないであろう。もちろん、数3を1＋1＋1の総和に等しいとなすとき、その数を構成する諸単位を不可分だとみなすことを妨げるものは何もない。しかし、それはこれらの単位がそれぞれに含む多数性を使用しないからである。その上、3という数が最初からそういう単純なかたちで精神に現れるということもありうる。なぜなら、私たちはその数をどんなふうに使用できるかということよりも、それをどうやって手に入れたかに思いを馳せるものだからである。しかし、私たちはほどなく次のことに気づくことになる。すなわち、もしあらゆる掛け算が何らかの数を自分自身に付け加わるような暫定的単位として扱う可能性を含むとすれば、逆に今度は単位の方も、望むならどんなに大きい実数であってもよいわけで、ただそれらを相互に合成するために暫定的に分解不可能なものとみなされているだけなのだ、と。ところで、単位を好きなだけ多くの部分に分割できるものと認める、まさにそのことによって、単位は拡がりのあるものとみなされることになるのだ。

実際、数の非連続性について錯覚を抱いてはならない。数の形成ないし構成が非連続性を含むということに異論の余地はないだろう。換言すれば、すでに述べたように、3という数をかたちづくっている単位の各々は、私がそれを取り扱っている間は不可分のものとなっているように見えるし、私はそれに先立つ単位からそれに続く単位へ一挙に移行するのである。仮に今度は同じ数を二分の一、四分の一、その他どんな単位で構成しても、これらの単位は依然として、それらがこの数を形成する役を果たすかぎり、暫定的に不可分であるような要素となるであろうし、また私たちが或る単位から他の単位へ移っていくのも、常に不意打ちによってであり、言わば突然の飛躍によってであろう。それというのも、一つの数を得るためには、どうしても、それを構成する諸単位の各々に順繰りに自分の注意を固定しなければならないからである。その際、それらの単位のどれか一つを考える作用の不可分性は、空間の空隙によってその次の点から分け隔てられるような数学的点というかたちに翻訳される。しかし、空虚な空間のうちに並べられた数学的点の系列が数の観念をかたちづくる過程をかなりの程度表現しているにしても、これらの数学的点は、私たちの注意がそれらから離れるにつれて、あたかも互いに結びつこうとするかのように、線へと展開しようとする傾向がある。そして、数を完成状態で考察するときには、その結合はすでに完了してしまっている一つの事実なのである。すなわち、さまざまの点は線となり、分割はかき消され、その全体が連続性のあらゆる特性を提示する。この故に、数は、一定の法則に従って構成されたのに、任意の法則に従って分解されうるのだ。一言で言えば、考えられている単位と、考えられた後に立てられる単位とは区別しなければならない。それは、形成途上の数と、ひとたび形成された数とを区別しなければならないのと同様である。単位は考えられている間は還元できないものであり、数は構成されている間は非連続的なものである。しかし、数が完成状態で考察されるや否や、それは客観化される。そして、まさにこの故に、その場合、数は無限に分割可能なものとして現れるのである。実際、注意してもらいたいが、私たちが主観的と呼ぶのは、完全かつ十分に知られると思われるようなもののことであり、また客観的と呼ぶのは、絶えず増加する多くの新たな印象が、それらについて私たちが現にもっている観念にとって代わられうるような仕方で、知られるようなもののことである。こういうわけで、複合感情のうちには、かなりな数のより単純な諸要素が含まれるということもあるだろう。しかし、これらの要素は完全な明瞭さで現れてこないかぎり、完全に現実化されたとは言いえないだろうし、また意識がそれらについて判明な知覚をもつや否や、それらの総合の結果生じる心的状態は、まさにそのことによって変化してしまうだろう。ところが、思考が物体をどんな仕方で分解しても、その物体の全体的な様相には何の変化も起こらないのだ。なぜなら、こうしたさまざまな分解は、他の無数の分解と同じように、たとえ現実化されてはいなくても、そのイメージのうちにすでに明白に見てとれるからである。未分割なもののうちに下位区分を、それも単に可能的にではなく、このように現実的に統覚するということ、このことこそまさに私たちが客観性と呼んでいるものである。となればもう、数の観念のうちに主観的なものと客観的なものとの領分を正確に割り振ることは、たやすい作業になる。本来精神に属するのは、精神が特定の空間のさまざまな部分に継起的にその注意を固定していく不可分な過程である。しかし、このように孤立した諸部分が保存されて他の部分に付け加わり、そしていったん相互に加算されてしまうと、どんな分解にも適応するようになる。したがって、それはまさに空間の諸部分であり、そして空間こそは精神が数をかたちづくる素材、精神が数を位置づける環境なのである。

実を言うと、数をつくっている諸単位を無限に細分化するのを教えてくれるのは、算術である。これに対して、常識の方は、数を不可分なもので構築しようとする傾向が、かなりある。そして、このことはたやすく理解されることだ。というのは、構成的単位の暫定的な単純性は、まさに精神に由来するものであり、そして精神はそれが作用する素材よりも自分の作用そのものに注意を向けるものだからである。科学はこの素材に私たちの眼を引きつけるだけである。もし私たちが数を空間のなかにすでに局在化していたのでなかったら、科学はおそらく、私たちに数を空間のなかにもち込ませることに成功しなかったであろう。したがって、初めから私たちは数を空間のなかに併置して表象せざるをえなかったのだ。どんな付加も、同時に知覚された諸部分の多数性を含むということを根拠にして私たちが最初に到達した結論は、以上のようなものである。

ところで、もしこのような数についての考え方が認められると、あらゆる事物が同じ仕方で数えられるわけではないということ、また多様性にもまったく異なる二種類のものがあるということが分かるだろう。物質的対象という言い方をするとき、私たちはそれらを見たり触れたりできるのだと暗に示してしまっている。私たちはそれらを空間のなかに局在化しているのである。まさにその時から、それらを数えるのに、記号を創り出したり記号で表したりする努力は何ら必要ではなくなる。それらが私たちの観察に提示される環境そのもののなかで、それらをまず別々に、次いで同時に考えさえすればよいのだ。これに対し、心の純粋に感情的な状態や、視覚とか触覚の表象以外の表象を観察する場合には、事情はもはや同じではない。この場合には、諸項はもはや空間のなかに与えられていないのだから、それらを数えることは、何らかの記号的表示の過程を経るのでなければ、ほとんどできないであろうとやってみるまでもなく(a priori)そう思われる。たしかに、こうした表象の仕方も、その原因が明らかに空間のなかに位置している感覚が問題であるときには、まさにうってつけのやり方であるように見える。例えば、街路に足音を聞くとき、私は歩いてくる人物を漠然と思い浮かべる。その際、継起的な音の一つ一つは歩行者が足を置きそうな空間の一点に局在化される。私は自分の感覚を、それら感覚の原因が触れることのできるようなかたちで並んでいる空間そのもののなかで数えているわけである。おそらく、遠い鐘が継起的に打ち鳴らされる音を同じような仕方で数える人たちもいることだろう。そういう人たちは想像のなかで釣鐘が行ったり来たりするのを思い描いているわけである。そういう空間的性質をもった表象は、最初の二つの単位だけで十分であって、他の単位は自然と後からついてくるものだ。しかしながら、大部分の人の精神はそんなふうには振る舞っていない。彼らは継起的な音を観念的な空間のなかに整列させ、そしてその時、それらの音を純粋持続のなかで数えていると思い込むのである。だが、まさにこの点を理解するのが肝要なことなのである。なるほど鐘の音は相継起して私のところへ届く。だが、この場合、次の二つのうちのどちらかである。一方では、私はそれらの継起的な感覚を一つ一つ記憶にとどめ、それを他の諸感覚とともに編成し、知っている歌やリズムを思い出させるような一群の音をつくりあげる。この場合、私は音を数えるのではなく、音の数が私に与える言わば質的な印象を取りまとめているだけである。他方では、私は明らかにそれらの音を数えようとする。この場合、私はどうしても音を分離しなければならない。しかも、この分離は、音がそれらの質を奪われ、言わば空っぽにされたままで、互いに同じ通過の痕跡を残すような何らかの等質的な環境のなかでおこなわれなければならない。たしかに、この環境が時間に属するのか、それとも空間に属するのかという問題が残っている。しかし、繰り返して言えば、時間の瞬間が保存されて他の瞬間に付け加わるということはおよそありえない。音が分離されるのは、相互のあいだに空隙を残しているからである。音が数えられるのも、それらの間隙が過ぎていく音と音のあいだに残り続けているからである。これらの間隙が純粋持続であって、空間ではないとしたら、どうしてそれらが残ったままじっとしていられようか。したがって、演算がおこなわれるのは、まさに空間においてなのである。その上、演算は、私たちが意識の奥底へより深く入り込むにつれて、次第に困難になる。ここでは私たちは分析だけが区別するような感覚と感情との混然とした多様性に直面することになるのだ。その数は、数えられるときにそれらが充たす瞬間の数そのものに紛れ込んで、感覚のものとも感情のものとも判然としなくなるが、しかし相互に付け加わることのできるような瞬間は、やはり空間を占める諸点である。結局、このことから帰結するのは、多様性には二種類あるということである。一つは、直接に数を形成する物質的対象の多様性であり、もう一つは、必ずや空間が介入してくる何らかの記号的表象の媒介なしには数の様相をとりえないような意識事実の多様性である。

実を言うと、物質の不可入性という言い方をするとき、誰もがこれら二種類の多様性のあいだの区別を打ち立てている。往々にして不可入性は、例えば重さや抵抗と同じ仕方で知られ、同じ資格で認められる物体の根本的特性として立てられる。けれども、この種の特性は、まったく消極的なものであって、感覚によって明らかにすることはできないだろう。それどころか、この点についての確信が出来あがっていなかったなら、混合や化合の或る種の実験を見て、私たちはそれを疑うようになったかもしれない。或る物体が他の物体に侵入する場合を想像するとき、諸君は直ちにこう想定するであろう。すなわち、後者の方に空隙があって、そのなかへ前者の分子が宿りにくるのだろう。これらの分子は分子で、それらの一つが他の分子の間隙を充たすために分裂するのでなければ、互いに侵入し合うことはできないであろう、と。そして私たちは、二つの物体を同じ場所に表象するくらいなら、むしろこの操作を無限に続行した方がましだと考えるであろう。ところで、もし不可入性が現実に物質の一性質で、感覚によって知られるものだとすれば、なぜ私たちが、抵抗のない表面や重さの測れない液体とかを考えるより、相互に相手のなかに溶け入る二つの物体というものを考える方にいっそうの困難さを感じるのかが分からなくなる。実際、それは物理的次元での必然性ではなく、二つの物体は同時に同一の場所を占めることはできないという命題に結びついた論理的必然性なのである。これと反対のことを主張すれば、どんな実験を考えついても、およそ一掃するまでには至らない不合理をうちに含むことになる。要するに、そうした主張は矛盾を含むのだ。しかし、そのことは、二という数の観念そのもの、あるいはもっと一般的に言って、任意の数の観念そのものが空間のなかでの併置という観念をうちに含むといっことを認めることになりはしないだろうか。不可入性がたいていは物質の一性質として通用しているのは、数の観念が空間の観念から独立したものと考えられているからである。そのとき、二つ、ないしいくつかの事物が同一の場所を占めることはできないと言うことによって、それら事物の表象に何かを付け加えたと思い込む。あたかも二という数の表象はもう、否、抽象的な数の表象でさえ、すでに示したように、空間のなかの異なった二つの位置の表象ではなかったかの如くにである！　してみれば、物質の不可入性を立言することは、単に数の観念と空間の観念との連関を認めたというだけのことであり、物質の一特性より、むしろ数の一特性を言い表しているのである。——だが、人々は感情、感覚、観念など、相互に侵入し合って、それぞれ自分の側から心全体を占有するようなものすべてを、数えるではないか？——いかにも、それはそうだが、しかし、まさにそれらは侵入し合っているが故に、それらを数えるには、空間のなかに別々の場所を占める等質的な単位、したがってもはや侵入し合わない単位によって、それらを表象するという条件が必要なのである。したがって、不可入性は数と同時に出現するものであって、この性質を物質に帰属させ、物質を物質でないすべてのものから区別しようとしたところで、それは、数のうちに直接に翻訳されうる拡がりのある事物と、まず空間のなかの記号的表象を含む意識事実とのあいだに、私たちが先に打ち立てた区別を別のかたちで言い表しているだけのことである。

この最後の点は強調しておくのがよいだろう。意識事実を数えるために、それらを空間のなかで記号的に表象しなければならないとしたら、この記号的表象が内的知覚の正常な諸条件を変様するようなこともありうるのではないだろうか。或る種の心的諸状態の強さについて少し前に述べたことを思い出してみよう。表象的感覚は、それ自体として考察すれば、純粋な質である。だが、拡がりを通して見られると、この質は或る意味で量になってしまう。これが強さと呼ばれているものだ。このように、個別的多様性をつくるために、心的諸状態を空間のなかへ投影すると、このことがそれら心的諸状態そのものに作用し、そして反省的意識のなかで、それらに新しいかたちを与えるに違いない。それは直接的統覚がそれらに付与してはいなかったものである。ところで、私たちが時間について語るとき、たいていの場合、私たちの意識状態が整列し、空間のなかのようなところに併置されて、首尾よく個別的多様性をつくれるようにする等質的な環境のことを考えていることに注意しよう。このように解された時間と私たちの心的諸状態の多様性との関係は、強さとそれら諸状態のうちの或る種のものとの関係、つまり真の持続とはまったく異なるサインとか記号ではないだろうか。したがって、私たちは意識に対して外的世界から自分を切り離し、力強い抽象化の努力によって、再び自分自身になることを要求しよう。その際、次の問いを提出することにしよう。私たちの意識の諸状態の多様性は、数の諸単位の多様性とわずかでも類似しているか、真の持続は空間とわずかでも関係しているか、と。たしかに、数の観念についての私たちの分析からすれば、そのような類似は疑わしくなるはずであるから、これ以上は何も言うまい。というのも、もし反省的意識が表象するような時間が、私たちの意識状態が数えられうるような仕方で別々に継起する環境であるなら、また他方、数についての私たちの考え方が直接に数えられるもののすべてを空間のなかへ撒き散らすことになるのであれば、区別や算定がおこなわれる環境という意味に解されている時間とは、空間にすぎないとみなすべきだからである。こうした意見を最初に確証してくれるのは、反省的意識が時間やさらにまた継起についてもつ感情を記述するイメージは、どうしても空間から借りてこざるをえないという事実である。だから、純粋持続は別のものであるはずなのだ。しかし、私たちが個別的多様性という観念の分析そのものによって立てるに至ったこれらの問題は、空間の観念と時間の観念とをそれらの相互関係において直接に研究するのでなければ、解明されえないであろう。

空間と等質的なもの

空間の絶対的実在性の問題をあまりに重視するのは間違っていよう。というのは、それは、空間は空間のなかに存在するのか、しないのかを問うにおそらく等しいからだ。結局、私たちの感覚は物体の諸性質を知覚するし、またそれらとともに空間を知覚する。大きな困難は、拡がりがこれらの物理的諸性質の一つの相——質のなかの一つの質——なのか、それともこれらの性質は本質的に拡がりをもたないものであって、空間はそれらに付け加わりにくるが、しかしそれ自体で自己充足していて、それらなしでも存続するものなのか、それを見分けることであったように思われる。第一の仮説では、空間は抽象物に、あるいはもっと適切に言えば、抽出物に還元されることになろう。それは、表象的と言われる或る種の感覚がそれら相互のあいだにもつ共通なものを表すことになる。第二の仮説では、空間は、次元こそ異なれ、これら感覚そのものと同じくらい堅固な実在だということになろう。この後者の考え方の正確な定式はカントに負うものである。彼が「超越論的感性論」〔『純粋理性批判』の「原理論」第一部〕で展開した理論は、空間にその内容から独立した存在性を授け、私たちの誰もが事実上分離しているものを、権利上分離しうるものと明言し、他の人々のように、拡がりを一つの抽象とは見ないというところに成立するものだ。その意味では、空間についてのカントの考え方は、思われているほど、通俗的な臆説と異なるわけではない。空間の実在性に対する私たちの信念を動揺させるどころか、カントはその正確な意味を規定し、それを正当化しさえしたのである。

その上、カントが与えた解決は、この哲学者以後、真剣に反論されたことがなかったようだ。それどころか、この解決は、生得論者であると経験論者であるとを問わず、この問題に新たに取り組んだ大部分の人たちに――ときには彼らの気づかぬうちに――押しつけられている。心理学者たちの意見は、ヨハネス・ミュラーの生得論的説明をカントに由来するものとみなす点で一致している。もっとも、ロッツェの局所標識の仮説やベインの理論やヴントの提出したいっそう包括的な説明とかは、一見したところ、「超越論的感性論」とはまったく独立したもののように見えるかもしれない。実際、これらの理論の創始者たちは、空間の本性の問題はそっちのけにして、ただ私たちの感覚がどんな過程を経て、そこに場所を占めるようになり、また言わば相互に併置されるようになるかということだけを探究しているように見える。しかし、まさにそうすることによって、彼らは、感覚を拡がりのないものと考え、カントのやり方で、表象の素材とその形式とのあいだに根本的な区別を打ち立てているのだ。ロッツェの思想やベインの思想から、またそれらの思想の両立を試みたかに見えるヴントの企てから判明するのは、私たちに空間の観念を形成させるに至るような諸感覚は、それ自体拡がりをもたず、単に質的であるということである。拡がりは、水が二つの気体の結合から生じるように、諸感覚の総合から生じるのである。したがって、経験論的ないし発生的説明は、空間の問題をカントがそれを打ち捨てたまさにその地点で再び取り上げたわけだ。カントは空間をその内容から切り離したが、経験論者たちは、思考によって空間から分離されたこの内容がいかにして再びそこに場所を占めるようになるかを探究するのである。たしかに、彼らは後になると知性の活動を顧みなくなったようだし、私たちの表象の延長的形式を感覚相互の一種の協調によって生み出そうとする傾向が明らかに見てとれる。すなわち、空間は、諸感覚の抽出物ではないが、それでも感覚の共存の結果生まれるというのである。しかし、このような生成を、精神の能動的介入なしに、どうやって説明できるのだろうか。拡がりをもつものが拡がりをもたないものとは異なるというのは、なるほど仮定による。だが、拡がりのあるものが拡がりのない諸項のあいだの関係でしかないと仮定しても、この関係はやはり、いくつかの項をそのように結合できる精神によって打ち立てられなければならないのだ。その全体が、ひとりでに、要素的な諸原子のいずれにも属さないような一形式と諸性質とを帯びてしまうように見える化学的結合の例を引き合いに出しても、無駄であろう。そういう形式、それらの性質はまさに、私たちが原子の多様性をただ一つの統覚のうちで理解することから生まれるのである。この総合をおこなう精神を除去してしまえば、さまざまな性質も、つまり要素的な諸部分が私たちの意識に提示する相も、たちまち消滅してしまうだろう。だから、拡がりをもたない感覚は、何もそれに付け加わらなければ、ありのままの姿で、拡がりをもたない感覚にとどまるだろう。空間がそれらの共存から生まれてくるためには、それらを一挙に把握し、併置する精神の作用がなければならないのだ。この独自の(sui generis)作用は、カントが先験的(a priori)形式と呼んだものによく似ている。

いまこの作用を特徴づけようとすれば、それが本質的に、空虚な等質的環境の直観、あるいはむしろその概念形成のうちに存することが分かるであろう。というのは、空間の定義として考えられるのは、多くの同一的にして同時的な感覚を相互に区別することを可能にするもの、ということ以外にないからである。この場合、それは質的差異化とは別の差異化の原理であり、それゆえ、質をもたない実在だということになろう。あるいは、局所標識の理論に与して、こう言うひともいるかもしれない。さまざまの同時的感覚は決して同一のものではないし、またそれらが影響を与える身体器官の諸要素も多種多様なのだから、等質的な一つの面のうちに、視覚なり触覚なりに対して同じ印象を生むような二つの点というものは存在しないのではないか、と。私たちもその点には難なく同意できる。というのも、もしこれらの二つの点が私たちに同じ仕方で作用するのだとすれば、それらの一つを左よりもむしろ右に位置させる何の理由もなくなってしまうだろうからである。しかし、まさに私たちは後になってこうした質の差異を位置の差異の意味で解釈してしまうのだから、私たちは一つの等質的環境について、つまり質としては同一だが、それでも相互に区別される諸項の同時性について、明晰な観念をもつのでなければならない。等質的な面の二点によって網膜上に与えられた印象の差異を強調すればするほど、統覚する精神の活動をよりいっそう認めることになるばかりである。

それは、質的異質性として精神に与えられるものを、拡がりをもつ等質性というかたちのもとに、統覚するからである。その上、等質的空間の表象が知性の努力に負うものだとすれば、逆に私たちは、二つの感覚を差異化する質そのもののなかに、それらの感覚が空間のなかでしかじかの特定の場所を占めるための理由があるはずだと考える。したがって、拡がりの知覚と空間の概念とを区別しなければならないだろう。たしかに両者は互いに含み合っているが、しかし知性をそなえた生物の系列を上昇していけばいくほど、等質的空間という独立した観念がはっきりと現れるようになるだろう。この意味で、動物がまったく私たちと同じように外的世界を知覚するということは疑わしいし、ましてや、私たちと同様にその外在性を完全に表象するということも疑わしい。博物学者たちは注目に値する事実として、多くの脊椎動物が、また若干の昆虫でさえ、驚くべき自在さで空間中で自分の目指す方向をとるに至ることを指摘した。よく知られていたことだが、動物たちは何百キロにも達しそうな長い距離にわたって、未知の道を駆け抜けて、ほとんど一直線に古巣に戻ってくる。この種の方向感覚を視覚や嗅覚によって説明したり、また最近では、羅針盤のように動物に方向定位を可能にするような磁気流の知覚によって説明する試みがなされた。このことは結局、空間は動物にとって、私たちにとって同じように、等質的ではなく、また空間の諸決定やさまざまな方位は、動物にとって純粋に幾何学的な形式を帯びていないということである。それらの一つ一つが動物にはそのニュアンスをもち、それ固有の質を伴って現れるであろう。この種の知覚が可能だということは、私たちが自分自身の右と左とを自然な感じで区別していること、またその場合、私たち固有の拡がりについてのそうした二つの決定が質の差異として現れることを考えてみれば、納得がいくであろう。私たちが右と左とを定義しようとして失敗する理由も、まさにここにある。実を言えば、質的差異は自然のなかの至るところにある。しかも、二つの具体的方位が、直接的に統覚されていながら、どうして二つの色と同じくらいはっきりと識別されないのか分からないのである。しかし、空虚な等質的空間という概念は、格別に風変わりなものであって、私たちの経験の基底そのものをなすような異質性に対する一種の反発を要求するように見えるのだ。したがって、単に或る種の動物は特殊な方向感覚をもつと言ってはならないだけでなく、さらに、またとりわけ、私たち〔人間〕は質をもたない空間というものを知覚したり、考えたりする特殊能力をもつと言ってもならないだろう。この能力は抽象する能力なぞでは決してない。それどころか、抽象が截然とした区別と、概念相互ないし概念の記号相互のあいだの一種の外在性とを前提することに注意すれば、抽象する能力がすでに等質的環境の直観を含むことが分かるだろう。言っておかなければならないのは、私たちは次元の異なる二つの現実を認識するということである。一方は異質的で、それは感覚的質という現実であり、他方は等質的で、これが空間である。後者は人間の知性によってはっきりと理解されるものであって、これが私たちに截然とした区別をおこなったり、数えたり、抽象したり、そしておそらくはまた話すことをも可能にしているのである。

ところで、空間が等質的なものと定義されるべきだとすれば、逆に、すべての等質的で無規定的な環境は空間だということになりそうである。というのは、等質性はここではあらゆる質の不在という点に存するのだから、等質的なものの二つの形式が相互にどうして区別されるのか分からなくなるからである。にもかかわらず、人々は一致して、時間を、空間とは異なるが、空間と同じく等質的な無規定の環境とみなしている。等質的なものはこうして、それを充たすものが共存であるか、継起であるかに応じて、二重の形式をまとうことになろう。たしかに、時間を意識の諸状態が繰り拡げられるかに見える等質的環境とみなすとき、まさにそのことによって、時間は一挙に与えられるが、これは結局、時間から持続を抜き取ることになる。単にそう反省するだけで、私たちがそのとき知らぬ間に空間に逆戻りしていることが分かるはずだ。他方、私たちはこう考える。物質的事物は、相互に外的であり、また私たちに対しても外的であるのだから、そうした二重の外在的性格を〈事物相互のあいだに間隙を設定し、その輪郭を定着するような環境の等質性〉から借用してくるのだ、と。しかし、意識事実というものは、たとえ継起的であっても、互いに浸透し合うものであって、それらの事実の最も単純なもののうちにも心全体が反映されうるものなのである。したがって、等質的環境というかたちで考えられた時間とは、純粋意識の領域内へ空間の観念が侵入したために生じた折衷的概念ではないかどうか検討する必要があるだろう。いずれにせよ、時間と空間という等質的なものの二つの形式を、それらの一方が他方に還元できないかどうかをまずもって探究しもしないで、決定的なものだと認めることはできまい。ところで、外在性は空間を占める事物に固有な性格であり、これに対し、意識事実は本質的に相互に外在的ではないので、そうなるのはただ、等質的環境とみなされた空間のなかで繰り拡げられる場合だけである。したがって、もし時間と空間という、いわゆる等質的なものと称されている二つの形式のうち、一方が他方から派生したものだとすると、空間の観念の方が根本的所与だとはじめから(a priori)断定してよい。しかし、時間の観念が外見は単純に見えるのに欺かれて、これら二つの観念を還元しようと試みた哲学者たちは、持続の表象でもって空間の表象を構成できると信じてしまった。こうした理論の誤りを示すことによって、無規定的で等質的な環境というかたちで考えられた時間がいかに反省的意識につきまとう空間の亡霊にすぎなくなるかを示すことにしよう。

等質的時間と具体的持続

実際、イギリス学派は、拡がりの諸関係を、持続における継起の、程度の差こそあれ、複雑な諸関係に帰着させようと努力している。眼を閉じて、或る表面に沿って手を動かすとき、この表面に抵抗する指の摩擦と、とりわけ関節の働きの変化が私たちに一連の感覚を引き起こすが、それらの感覚はそれらのもつ性質によってのみ区別され、そして時間における或る種の順序を提示する。他方、経験の告げているように、この感覚の系列は可逆的なものであり、異なる本性をもつ(あるいは、もっと後で述べるように、逆方向の)努力によって、同じ感覚を逆の順序で新たに手に入れることもできる。この場合、空間における位置関係は、こう言ってよければ、持続における継起の可逆的関係と定義されえよう。しかし、そうした定義は悪循環を、あるいは少なくとも持続についてのいかにも皮相な観念をうちに含んでいる。詳しくはもう少し先で示すことにするが、事実、持続には二つの考え方が可能なのだ。一つは、混合物のまったくない純粋なもの、もう一つは、空間の観念がひそかに介入しているものである。まったく純粋な持続とは、自我が生きることに身をまかせ、現在の状態と先行の状態とのあいだに分離を設けることを差し控えるとき、私たちの意識状態の継起がとる形態である。だからといって、過ぎていく感覚や観念にすっかり没入してしまう必要はない。というのは、そうすると、反対に、自我はおそらく持続することをやめてしまうからである。また先行の諸状態を忘れる必要もない。これらの状態を想起しながら、それらを現在の状態に、あたかも或る点を別の点と並べるように、並べるのではなく、現在の状態でもって過去の状態を有機的に一体化すれば十分なのだ。あたかも或るメロディーの楽音を言わば全部が溶け合ったような状態で想起するときに起こるように、である。これらの楽音は継起しはするが、それでも私たちはそれらを相互に統覚しているわけであって、それら楽音の全体は、その諸部分が、たとえ区別されはしても、それらの緊密な結びつきそのものによって相互に浸透し合うような生き物になぞらえうるとは言えまいか。その証拠に、メロディーの一つの音を不当に強調して調子を乱すようなことがあると、その誤りを告げ知らせるのは、長さとしては度を越したその長さではなく、そのことによって楽節全体にもたらされた質的変化なのである。したがって、区別のない継起というものを考えることができる。しかも、その各々が全体を表し、ただ抽象することのできる思考にとってのみ全体から区別され、分離される諸要素の相互浸透、緊密な結合、内的組織化として考えることができる。このようなものこそ、おそらく、同一でありながら変化する存在者、何ら空間の観念をもたないような存在者が持続について形成するであろう表象である。しかし、私たちは空間の観念に馴れ親しみ、つきまとわれてさえいるので、それを純粋な継起の表象のなかへ知らぬ間にもち込んでしまう。私たちは私たちの意識状態を、もはや一方を他方のなかにではなく、一方を他方の傍らに同時に統覚するような仕方で、併置してしまう。要するに、私たちが時間を空間のなかへ投影し、持続を拡がりとして表すために、継起の方も私たちにとって、その諸部分が相互浸透することなしに接し合っているような一つの連続線ないし連鎖という形態をとるのである。こうしたイメージが、前と後とについての、もはや継起的ではなく同時的な知覚を含むということ、また、継起でしかなかったのに、それでもまだ唯一の同じ瞬間のうちに余韻を響かせているような継起なるものを想定するのは矛盾であろうということ、このことに注意しよう。ところで、持続における順序や、この順序の可逆性について語るとき、話題にされているのは、私たちが先に定義したような、拡がりという混合物のない純粋な継起のことだろうか、それとも分離され併置されたいくつかの項を同時に把握できるような仕方で空間のうちに展開されている継起のことだろうか。答えは疑う余地がない。諸項をまず区別し、次いでそれらの占める場所を比較するのでなければ、それらのあいだに順序を設けることができようか。だから、それらは多数のもの、同時的なもの、区別のあるものとして統覚される。一言で言えば、それらは併置されているのだ。継起的なもののうちに順序が設けられるのは、継起が同時性となって、空間のなかへ投影されているからなのである。要するに、私の指が表面なり線なりに沿って移動するとき、多様な性質をもつ一連の感覚が引き起こされるが、そのとき起こっているのは、次の二つのうちのいずれかである。一つは、これらの感覚を持続のなかでだけ思い描く場合である。だが、この場合、それらの感覚は、私が或る特定の瞬間に、それらのうちのいくつかを同時的だが、しかし区別のあるものとして表象できないような仕方で継起するであろう。――もう一つは、継起の順序の一つを見分ける場合である。だが、その場合、私は諸項の継起を単に知覚するだけでなく、それらを区別した後でまとめて整列させるような能力をもつということになる。つまり、私はすでに空間の観念をもっているのだ。持続における可逆的系列という観念、あるいは単に、時間における継起の或る順序という観念さえも、したがって、それ自身が空間の表象を含んでおり、それゆえ空間を定義するのに用いるわけにはいかないだろう。

　このような議論をもっと厳密なかたちにするために、ここで無限の直線を想像し、またその線上を物質的な点Aが移動しているとしよう。もしこの点が自分自身を意識しているとすれば、それは動くのだから、自分が変化するのを感じるであろう。つまり、その点は継起を統覚するであろう。だが、この継起は点Aにとって一つの線という形をとるであろうか。点Aが通過する線の言わば上方へのぼり、併置されたいくつかの点を同時的に統覚することができるのなら、疑いもなく、然りである。しかし、点Aはまさにそのことによって空間の観念を形成することになろう。そして自分の蒙る諸変化が繰り拡げられるのを見ることになろうが、それは空間のなかにであって、純粋持続のなかにではない。私たちはここで、純粋持続を空間に似てはいるが、もっと性質の単純なものだと考える人たちの誤りを容易に指摘することができる。彼らは好んで心理的諸状態を併置し、それで一つの線なり鎖なりをつくりたがるが、空間は三つの次元をそなえた環境だからという理由を盾に取って、そうした操作のなかに、固有の意味での空間の観念、その全体性における空間の観念を介入させているのだとは夢にも思わない。しかし、線を線という形で統覚するためには、線の外部に身を置き、それを取り囲む空虚があることを納得しなければならないということ、したがって三次元の空間を考えなければならないということが分からない者がいるだろうか。もし意識をもっている点Aがまだ空間の観念をもっていないとすれば、——そして私たちはまさにこの仮定に身を置かなければならないのだが——点Aが通過する諸状態の継起はAにとって線という形をまとうことはできないだろう。そうではなく、その諸感覚は、動的に相互に加わり合って、あたかも私たちをうっとりさせるようなメロディーの継起的な楽音がそうするように、互いに有機的に一体化するであろう。要するに、純粋持続とはまさに、互いに溶け合い、浸透し合い、明確な輪郭もなく、相互に外在化していく何の傾向性もなく、数とは何の類縁性もないような質的諸変化の継起以外のものではありえないだろう。それはつまり、純粋な異質性であろう。しかし、さしあたっては、この点を強調するのはやめよう。ここでは、持続にわずかでも同質性を帰属させるや否や、空間をひそかに導き入れることになるのだということを示しただけで十分であろう。

持続は測られうるか

たしかに、私たちは持続の継起的な諸瞬間を数えるし、また時間は、数との諸関係によって、まず空間とまったく類似した測定可能な大きさとして現れる。しかし、ここで重要な区別をしておかなければならない。例えば、私が一分経ったばかりだと言うとき、そのことで私が理解しているのは、振り子が秒を刻みながら六十回振動したということだ。もし私がこの六十回の振動を精神の統覚だけで一挙に思い浮かべるとしたら、私は仮定によって継起の観念を排除していることになる。すなわち、この場合、私が考えているのは、継起する六十回の刻みのことではなく、その各々が振り子の一つの振動を言わば記号化する定線上の六十の点のことなのである。――他方、もし私がこの六十回の振動を継起的に、しかもそれらが空間のなかで産出される仕方を何も変えずに、思い浮かべようとするとしたら、私は、先立つ振動の記憶を排除しつつ振動の一つ一つのことを考えなければならないだろう。というのは、空間は先立つ振動の痕跡を何も保存してはいないからだ。しかし、まさにそのことによって、私は絶えず現在のうちにとどまらざるをえなくなるだろう。私は継起とか持続のことを考えるのを諦めることになるだろう。最後に、もし私が現在の振動のイメージに参与しながら、それに先立つ振動の記憶を保持するとしたら、次の二つのうち一つのことが起こるであろう。一つは二つのイメージを併置することだが、これでは第一の仮定に逆戻りすることになろう。もう一つは、二つのイメージの一方を他方のうちで統覚することである。この場合、それらのイメージは、あたかも一つのメロディーのさまざまな楽音のように、区別のない多様性あるいは質的多様性とでも呼ぶべきものを、数とは何らの類似性ももたずに形成するような仕方で、相互に浸透し合い、有機的に一体化することになろう。私はこうして純粋持続のイメージを獲得するとともに、等質的な環境ないし測定可能な量という観念から完全に解放されることになろう。意識に注意深く問いかけてみれば、意識は、持続を記号的に表象するのを差し控えるときはいつでも、そのように振る舞っていることが認められるはずである。振り子の規則正しい振動が私たちを眠りに誘うとき、そういう結果を生み出すのは、聞かれた最後の音、知覚された最後の運動であろうか。そうではあるまい。そうだとしたら、なぜ最初の音や運動が同じように作用しなかったか理解できなくなるだろう。では、最後の音や運動と併置された、それらに先立つものの記憶であろうか。だが、この同じ記憶は、後になって単一の〔それだけ孤立した〕音や運動と併置されても、やはり何の効力も発揮しないままにとどまるだろう。したがって、音は、量たるかぎりでのそれらの量によってではなく、それらの量が提示する質によって、すなわちそれら全体のリズミカルな有機的一体化によって、相互に合成し合って作用するのだということを認めなければならない。これ以外に、弱くて連続的な刺激の効果を理解できるだろうか。もし感覚がそれ自身と同一なままにとどまるなら、それはいつまでたっても弱いままだろうし、いつまででも我慢できるだろう。しかし、実は、刺激の増大はその一つ一つがそれに先立つ刺激と有機的に一体化して、いつも終わろうとしながら、何か新しい音が付け加わるたびに絶えず、すっかり変容していく楽節のような効果を全体として与えるものなのである。もし私たちがそれは常に同じ感覚だと主張するとすれば、それは私たちが感覚そのものではなく、空間のなかに位置する、その客観的原因を思い浮かべるからである。そのようなとき、私たちは今度は空間のなかに感覚を繰り拡げ、そして自己展開する有機体の代わりに、また互いに浸透し合う変様の代わりに、同じ感覚が言わば長々と引き延ばされ、それ自身と無限に併置されるのを統覚することになるのだ。真の持続、意識が知覚する持続は、強さを何としても大きさと呼びたければの話だが、いわゆる強い大きさの同類とみなされるべきであろう。実を言えば、真の持続は量ではないし、またそれを測ろうとするや否や、それは知らぬ間に空間と取り替えられてしまっているのである。

しかし、私たちは持続をその本然の純粋さで表象するのに、信じがたいほどの困難さを感じる。そしてこのことは、私たちだけが持続するのではない、ということにおそらく由来するであろう。外的事物は私たちと同様に持続しているように見えるし、この観点から見ると、時間はまったく等質的な環境のように見えるのである。単にこの持続の瞬間が、空間のなかの物体と同じように、相互に外在的であるように見えるだけでなく、感覚によって知覚される運動も等質的で測定可能な持続の、言わば触れることのできる標識なのだ。その上、時間は力学の公式のなかにも、天文学者の計算やさらには物理学者の計算のなかにさえ、量というかたちで入ってくる。運動の速度を測定するということは、とりもなおさず、時間もまた一つの大きさであることを意味する。してみると、私たちがいましがた試みたばかりの分析そのものも補足されることを要求しているのだ。つまり、もし本来的な意味での持続が測定されないというのであれば、振り子の振動が測っているのは、いったい何なのか。厳密に言えば、意識によって知覚される内的持続は、意識事実の相互的な入れ子構造や自我の漸次的な豊饒化と混じり合っていることが認められるだろう。しかし、天文学者がその公式のなかに導入する時間、時計が等分に分ける時間、そうした時間は別のものだと言うひともいるかもしれない。それは測定可能な、したがって等質的な時間である、と。――けれども、決してそうではないのだ。注意深く検討してみれば、そうした錯覚は一掃されるであろう。

私が時計の文字盤の上に振り子の振動に対応する針の運動を眼で追うとき、私はひとがそう信じているように持続を測っているわけではない。私は同時性の数を数えているだけであって、これはまったく違う作業である。私の外、空間のなかには、針と振り子の唯一つの位置しかない。というのは、過ぎ去った位置は何一つ残ってはいないからだ。私の内部では意識事実の有機的一体化や相互浸透が続けられていて、それが真の持続をつくっている。なぜなら、私は現在の振り子の振動を知覚すると同時に、私が過去の振動と呼ぶものを表象するといった仕方で持続しているからである。ところで、これらの継起的と言われる振動を考える自我をしばらく取り除いてみよう。そうすれば、振り子の唯一つの振動、その振り子の唯一つの位置そのものしか決して残っていないであろうし、したがって持続はまったくなくなってしまうであろう。他方、振り子とそれらの振動とを取り除いてみよう。そうするともはや、相互に外的な諸瞬間をもたず、また数との関係ももたない、自我の異質的な持続しかないであろう。こういうわけで、自我のなかには相互的外在性を欠いた継起があり、自我の外には継起を欠いた相互的外在性がある。相互的外在性というのは、現在の振動がもはや存在しない先立つ振動とは根本的に区別されるからであり、継起の欠如というのは、継起が存在するのがただ、過去を思い出して二つの振動ないしそれらの記号を補助的な空間のなかに併置する意識的傍観者にとってのみだからである。——ところで、この外在性を欠いた継起と継起を欠いた外在性とのあいだに、物理学者が内浸透と呼んでいる現象によく似た一種の交換がおこなわれる。私たちの意識生活の継起的な諸相は、相互に浸透し合っていながらも、それぞれがそれと同時的な振り子の振動に対応しているので、また他方、これらの振動は、後のものが生み出されるときには前のものはもはや存在しないのである以上、はっきりと区別されるので、私たちは意識生活の諸瞬間のあいだに同じ区別を打ち立てる習慣を身につけてしまう。つまり、振り子の振動が意識生活を言わば相互に外在的な諸部分に分解してしまう。このことから、空間に似た等質的で内的な持続という誤った観念が生まれるのだ。そうした持続を構成する同一的諸瞬間は、互いに浸透することなく、次々に続いていくことになろう。しかし、他方、振り子の諸振動は、後のものが現れるときには前のものは消失してしまっているという理由でのみ区別されるのだから、それらが意識生活にそのような仕方で及ぼした影響から言わば恩恵を受ける。それらの振動は、私たちの意識がそれらと一緒に有機的に一体化した記憶のおかげで、まず保存され、その後で配列されるのだ。要するに、私たちはそれら振動のために等質的時間と呼ばれる空間の第四の次元をつくってやり、そしてその次元のおかげで振り子の運動は、その場で生じているにもかかわらず、無限にそれ自身と併置されうるようになるのである。――いま、この非常に複雑な過程のなかに現実的なものと想像的なものとを区分しようとすると、次のようなことになる。すなわち、一方には、持続を欠いた現実の空間があるが、そこでは意識状態とともに諸現象が現れたり消えたりする。他方には、現実の持続があり、その異質的な諸瞬間は相互に浸透し合ってはいるが、その一つ一つの瞬間はそれと同時的な外的世界の状態に接近できるわけで、その接近そのものの効果で他の諸瞬間から分離されることもある。これら二つの現実を比較することから、空間に由来する持続の記号的表象が生まれる。こうして持続は等質的環境という幻想的な形態をとるようになる。してみると、空間と持続という二つの項の連結線は同時性であり、これを時間と空間との交差点と定義することもできよう。

エレア学派の錯覚

運動の概念は、外見上等質的な持続の生きた記号だが、これを同様な分析にかけてみると、同じ種類の分離を実行せざるをえなくなるだろう。たいていの場合、運動は空間のなかで起こる、と言われる。そして、運動は等質的で分割可能であると断定されるとき、考えられているのは、通過した空間のことであって、あたかも空間と運動そのものとを同一視してもよいかの如くである。ところで、このことをもっと反省してみると、運動体の継起的な位置はたしかに実際に空間を占めるが、しかし運動体が或る位置から別の位置へ移動する作用、つまり持続を占めはするものの、意識的な傍観者にしか現実性をもたないその作用は、空間を逃れるということが分かるだろう。私たちがここで関わっているのは、物ではなく、進行なのだ。運動はつまり、或る地点から別の地点への移動であるかぎり、心的総合であって、したがって拡がりをもたない心的過程なのである。空間のなかには空間の諸部分しかないのであって、運動体を空間のどの地点に考えようと、ただ位置しか得られないだろう。もし意識が位置以外のものを知覚するとすれば、意識が継起的な諸位置を思い出し、それらを総合するからである。しかし、意識はこの種の総合をどうやっておこなうのだろうか。これらの同じ位置を等質的環境のなかに新たに展開することによって、ということはありえない。というのは、それらの位置を相互に結びつけるために新たな総合が必要となるだろうし、こうしていつまでたっても限りがないことになるからである。したがって、ここに言わば質的な総合、私たちの継起的な諸感覚が相互に漸進的に一体化するような有機化、一つの楽節にも似た統一性がどうしても存在するのでなければならない。こういうことこそ、まさに、私たちが運動のことだけを考え、その運動から言わば運動性を取り出すときに、運動について形成する観念である。このことを納得するためには、突然流星に気づいたときに感じたことを考えてみるだけでよい。その極度の速さのなかで、火の線という形で現れながら通過していった空間と、運動ないし運動性の絶対に不可分な感覚とのあいだに、ひとりでに分離がおこなわれる。眼を閉じておこなう素早い動作も、過ぎていった空間のことを思わないかぎり、純粋に質的な感覚というかたちで私たちに現れるであろう。要するに、運動のなかに二つの要素を、すなわち通過された空間と空間を通過する行為、継起的諸位置とそれらの位置の総合とを区別しなければならない。これらの要素のうちの前者は、等質的な量であり、後者は私たちの意識のなかでしか現実性をもたない。それは、こう言ってよければ、質ないし強さである。しかし、ここで再び、内浸透の現象、つまり運動性の純粋に内包的な感覚と通過された空間の外延的表象との混合が生じる。事実、一方では、私たちは運動にそれが通過する可分性そのものを帰属させ、分割できるのは一つの物であって、一つの行為ではないことを忘れてしまう。また他方で、私たちはこの行為そのものを空間のなかに投影し、運動体が通過する線に沿ってそれを押しつけ、要するにそれを固定化する習慣を身につける。あたかも空間のなかに進行を局在化しさえすれば、過去は意識の外でも現在と共存すると断定することにはならないと言わんばかりに！——こうした運動と、運動体が通過した空間との混同から、私たちの意見では、エレア学派の詭弁が生じるのである。というのは、二つの点を分かっている間隔が無限に分割可能であり、そして運動が間隔そのものの諸部分と同じような諸部分から合成されているとすれば、その間隔は決して越えられないだろうからである。しかし、事実はそうなってはいない。アキレスの一歩一歩は単純な分割できない行為であり、この行為が一定の数だけなされた後では、アキレスは亀を追い越してしまうことになろう。エレア学派の人たちの錯覚は、この不可分で独特な（sui generis）行為の系列をその根底に横たわる等質的空間と同一視することに由来する。この空間は任意の法則に従って分割も再合成もされうるので、彼らはアキレスの全体的運動をアキレスの歩みによってではなく、亀の歩みによって再構成することが許されると信じたのである。実は彼らは、亀を追いかけるアキレスの代わりに、互いに歩みを調整された二匹の亀を、決して相手に追いつけないように同じ種類の歩みなり同時的な行為なりをするように定められている二匹の亀を置き換えているのだ。なぜアキレスは亀を追い越すことができるか。それは、アキレスの一歩と亀の一歩が運動であるかぎり不可分であり、そして空間であるかぎりその大きさが異なるからである。したがって、歩みを加算していけば、アキレスの通過する空間は、亀の通過する空間と亀が先に出ていたその差との総和を上回る長さに間もなく達するであろう。ゼノンがアキレスの運動を亀の運動と同じ法則に従って再構成するとき、彼が考慮に入れなかったのは、まさにこの点である。彼は空間だけが恣意的な解体や再合成に応ずるものだということを忘れ、こうして空間と運動とを混同してしまったのである。――そういうわけで、現代の一思想家[2]の鋭く深い分析に接した後ではあっても、私たちとしては二つの運動体の遭遇が、現実的な運動と想像された運動、空間自体と無限に分割可能な空間、具体的時間と抽象的時間とのあいだに、或るずれを含むことを認める必要があるとは思わない。直接的な直観が運動を持続のなかに、持続を空間の外に示してくれているというのに、空間や時間や運動の本性について、いかに精妙なものとはいえ、なぜ形而上学的仮説に頼るのであろうか。具体的な空間の可分性に限界を想定する必要はまったくない。運動は拡がりよりはむしろ持続であり、量ではなく質なのだから、運動はそもそも空間を占めることはできないのだということを心得た上で、実際に空間のなかにある二つの運動体の同時的位置とそれらの運動とのあいだに区別を立てておきたいのであれば、空間は無限に分割可能なものにしておいてよいのである。運動の速度を測ることは、やがて見るように、単に同時性を確認することである。この速度を計算のうちに導入することは、同時性を予見するために便利な手段を用いることである。だから、数学は或る特定の瞬間におけるアキレスと亀との同時的な位置を決定するのに専念するかぎり、また、X点における二つの運動体の遭遇を、つまりそれ自身同時性であるような遭遇を先験的に(a priori)認めるとき、その本来の役割のうちにとどまっている。しかし、数学は、二つの同時性を分ける間隔のなかで何が起こっているかを再構成しようとすると、その役割を越えてしまう。あるいは少なくとも、その場合でさえ、数学はやはり同時性を否応なく考えざるをえなくなってしまうが、しかしそれは新しい同時性なのであって、その数を無限に増やしてみても、静止でもって運動をつくることも空間でもって時間をつくることもできないということを数学は思い知らされるにちがいない。要するに、持続のなかにある等質的なものとは、持続しないもの、つまりいくつかの同時性が列をなして並ぶ空間でしかないのと同様に、運動の等質的な要素とは、およそ運動には属さないもの、通過された空間、つまり静止なのである。

持続と同時性

ところで、まさにこの理由からして、科学が運動や時間を取り扱うのは、それらからその本質的で質的な要素を——時間からは持続を、運動からは運動性を——まず最初に取り除いておく、という条件においてでしかない。このことは、天文学や力学において時間、運動、速度などの考察がどういう役割を果たしているか検討してみれば、造作なく納得できるであろう。

力学の諸論文は、持続そのものを定義するのではなく、二つの持続の等しさを定義するのだと、注意深くあらかじめことわっている。すなわち、「二つの時間の間隔が等しいと言われるのは、二つの同一の物体が、それらの間隔の各々の始点で同一の状況下に置かれ、あらゆる種類の作用と影響とを同じように受け、同じ空間を通過してそれらの間隔の終点に達したときである」。換言すれば、私たちは運動が始まるその精確な瞬間に、つまり外的変化と私たちの心的変化の一つとの同時性に印をつける。次に、運動が終わる瞬間に、つまりはやはり一つの瞬間に印をつける。最後に、通過された空間を、つまり実際に測定できる唯一のものを測る。してみると、ここで問題になっているのは、持続ではなく、ただ空間と同時性だけである。或る現象が時間tの終わりに起こるだろうと予告することは、とりもなおさず、意識が、ここからそこまでのあいだ、或る一定の同時性にtという数だけ印をつけるということである。さて「ここからそこまで」という言葉に惑わされてはならないだろう。というのは、持続の間隔は私たちにとってのみ、また私たちの意識状態の相互浸透によってのみ、存在するからだ。私たちの外部には、空間しか、したがって同時性しか見いだされないであろうが、この同時性については、どんな継起も現在と過去との比較によって考えられるものである以上、客観的に継起的であると言うことさえできないであろう。――持続そのものの間隔が科学の観点からは問題にならないということをよく証拠立てているのは、たとえ宇宙のあらゆる運動が二、三倍速くおこなわれるようになっても、公式にもそこに挿入される数にも、何ら変更を加える必要がない、ということである。意識はそのような変化から定義しがたい、言わば質的な印象をもつだろうが、同じ数の同時性が依然として空間のなかで生み出されているのだから、その変化は意識の外側には現れてこないであろう。後で述べるように、天文学者が例えば日蝕なり月蝕なりを予言するとき、彼はまさにこの種の作業に打ち込んでいるのだ。彼は科学にとっては問題にならない持続の諸間隔を無限に縮小し、こうして持続の諸間隔を生きざるをえない具体的意識にとっては数世紀を占めるであろう多くの同時性の一継起を、きわめて短時間のうちに——せいぜい数秒のうちに——それと認めるのである。

速度と同時性

直接に速度の観念を分析しても、同じ結論に到達するであろう。力学はその関連をたやすく見いだせるような一連の観念を介して、この速度という観念を手に入れる。力学は一方に或る運動体の軌道ABを、他方に同一の条件下では無限に反復される物理現象を、例えば同じ高さから同じ場所に常に落ちる石の落下を思い浮かべて、まず等速運動の観念を構成する。軌道ABの上に、石が地面に触れる瞬間ごとに運動体が到達する点にM, N, P, ……というふうに印をつけ、AM, MN, NP, ……の諸間隔が互いに等しいと認められるならば、その運動は等速的であると言われるであろう。そして、比較の項として選ばれた物理現象を持続の単位として採用することに決めておきさえすれば、これらの間隔のうちの任意の一つの間隔を運動体の速度と呼んでよいことになるだろう。したがって、等速運動の速度を決定するのに、空間と同時性との観念以外の観念に訴えるには及ばないのである。——残っているのは、非等速運動、つまりその要素AM, MN, NP, ……が互いに等しくないと認められた運動である。運動体AのM点での速度を決定するためには、無数のA_1, A_2, A_3, ……を想像し、それらがいずれも等速運動をおこない、それらの速度v_1, v_2, v_3, ……が例えば増大していく順序に配列されていて、考えられるどんな大きさにも対応している、と考えさえすればよい。その場合、運動体Aの軌道上に、点Mの両側に位置し、しかもMにきわめて近接している二つの点M′とM″を考えてみよう。この運動体が点M′, M, M″に達するのと同時に、他の運動体は、それぞれの軌道上で、点$M_1'M_1M_1''$, $M_2'M_2M_2''$, ……などの諸点に到達する。こうなると必然的に、一方では$M'M=M_h'M_h$であり、他方では$MM''=M_pM_p''$であるような二つの運動体A_hとA_pが存在するということになる。その場合、点Mにおける運動体Aの速度は、v_hとv_pとのあいだに含まれるということには意見が一致するであろう。しかし、点M′

と点M″とを点Mによりいっそう近づけて考えてみても何ら不都合はないし、そしてその場合には、v_hとv_pとの代わりに、二つの新しい速度、つまり一方はv_hより速いv_jと他方はv_pよりも遅いv_nを置くべきであろう。ところで、これらの二つの間隔はゼロまで減少しうるのだから、v_jとv_nとのあいだには、或る速度v_mが明らかに存在する。それは、この速度と、一方でのv_h, v_j, ……、他方でのv_p, v_n, ……との差が与えられたいかなる量よりも小さくなるような速度である。この共通な極限v_mこそ点Mにおける運動体Aの速度と呼ばれるものである。——ところで、この不等速運動の分析においても、等速運動の場合と同様、問題になっているのは、いったん通過された空間といったん達せられた同時的位置だけである。してみれば、力学が時間から同時性しか保有しないとすれば、運動そのものからも静止しか保有しないだろうと先に述べたのは、正当だったわけである。

このような結果は、力学が必ず方程式に基づいて操作され、また代数方程式は常に完結した事実を表すものであることに注目すれば、予見されたことである。ところが、絶えず形成途上にあるということは、私たちの意識に現れるような持続や運動の本質そのものに属する。だから、代数は持続の或る瞬間に得られた結果や、或る運動体が空間のなかでとる位置を表すことはできても、運動や持続そのものを表すことはできないのである。きわめて小さい間隔という仮説をもちだして、考察の対象となっている同時性や位置の数を増やしても、無駄であろう。さらに、持続のこれらの間隔の数を無限に増やす可能性を示すために、差異の観念を微分の観念に取り替えようとしても、やはり無駄である。どんなに間隔を小さく考えようと、数学が身を置くのは常にその間隔の一端でしかない。間隔そのもの、つまり持続や運動について一言で言えば、それらは必然的に方程式の外側にとどまる。それというのも、持続と運動とは心的総合であって、物ではないからである。さらに言えば、運動体は順々に或る線の諸点を占めるにしても、運動はそういう線そのものとは何ら共通性をもたないからである。最後に、運動体の占める位置は持続のさまざまに異なった瞬間に変化するにしても、また運動体は、さまざまに異なった位置を占めているというただそれだけのことで、区別をもつ多くの瞬間をつくりさえするとしても、本来の意味での持続は、本質的に自己自身に対して異質的であり、区別をもたず、数との類似点もないのだから、相互に同一的な瞬間も相互に外的な瞬間ももたないからである。

このような分析から帰結するのは、空間だけが等質的であるということ、空間のなかに位置する諸事物は区別のはっきりした一つの多様性をなすということ、そしてあらゆる判明な多様性は空間のなかでの展開によって得られるということである。同様に言いうることだが、空間のなかには、意識が解するような意味での持続も継起も存在しない。外的世界のいわゆる継起的な諸状態はそれぞれ単独で存在し、またそれらの多様性が現実性をもつのは、まずそれらを保存し、次いで相互に外在化することによってそれらを併置する意識にとってのみである。意識がそれらの状態を保存するのは、外的世界のこうしたさまざまな状態が意識事実を引き起こすからであり、意識事実が互いに浸透し合い、知らぬ間に有機的に一体となり、そうした連帯そのものによって過去を現在と結びつけるからである。意識がそれらの状態を相互に外在化するのは、やがてそれらの根本的な区別(後のものが現れるとき、前のものはもう存在しない)に思い至り、区別をもつ多数性というかたちでそれらを統覚するからである。これは結局、それらの諸状態を、それぞれが別々に存在していた空間のなかに、全体として配列することになる。このような用途のために使用される空間こそ、まさに等質的時間と呼ばれているものなのだ。

内的多様性

しかし、以上の分析からもう一つ別の結論が出てくる。それは、意識の諸状態の多様性は、その本源的な純粋さにおいて見れば、数を形成する〈区別ある多様性〉とは何らの類似性も示さないということである。すでに述べたように、そこには質的多様性というものがあるのだ。要するに、二種類の多様性、区別するという言葉で表示できるような二つの意味、同と他とのあいだの差異についての、一方は質的で他方は量的であるような二つの考え方があるということを認める必要があろう。一方の場合、この多様性、この区別、この異質性は、アリストテレスの言葉を借りて言えば、可能態においてしか、数を含まない。それは、意識が、さまざまな質を数えようとする底意もなければ、それらを多数とみなそうとする下心さえなく、質的な識別をおこなうからである。そのときまさに量なき多様性というものが存在する。他方の場合、反対に、問題になるのは、数えられる、あるいは数えることができると考えられるような諸項の多様性である。しかし、そのとき、ひとはそれらを相互に外在化できるかどうかを考えた末、実際にそれらを空間のなかに展開する。不幸なことに、私たちはこうした言葉の二つの意味を互いによって解明したり、互いのなかに認めさえする習慣がついてしまっているので、それらその意味を区別したり、あるいは少なくとも、その区別を言葉で表現することにに信じがたい困難さを覚える。そういうわけで私たちは、多くの意識状態は相互のあいだで有機的に一体化され、浸透し合い、次第次第に豊かになって、そうして空間を知らない自我に、純粋持続の感情を与えることができるようになるだろう、と言ったのである。しかし、「多くの」という言葉を使用することで、すでに私たちはそうした意識の諸状態を相互に孤立化し、相互に外在化していたのであり、つまりはそれらを併置していたのだ。このように私たちは、私たちが頼らざるをえなかった表現そのものによって、時間を空間のうちに展開するという根深い習慣を図らずも露呈してしまっていたのである。まだそうした展開を果たすに至っていない心の状態を表すための用語さえ、私たちはこのいったん果たされてしまった展開のイメージから借りてこざるをえない。したがって、それらの用語は初めから欠陥に汚されているわけで、数や空間とは関係をもたない多様性の表象は、自分自身に立ち返って精神集中するような思考にとってはいかに明瞭であっても、常識の言語には翻訳されえないであろう。しかも、私たちは先に質的多様性と呼んだものを平行的に考察しないかぎり、区別ある多様性という観念そのものさえ形成できないのである。諸単位を空間のなかに並べて、それらを明瞭な自覚をもって数えるとき、その諸項が同質的な基底の上にはっきりと姿を見せてくるような加算と並んで、心の深奥部では、これら諸単位を相互に一体化する有機化が続けられているのではあるまいか。この有機的一体化は、もし金床に感情があったら鉄鎚の打撃数の増加についてもったような純粋に質的な表象にかなり似た、まったく動的な過程ではあるまいか。その意味では、日常用いられる数は、それぞれ、その感情的等価物をもつと大過なく言いうるであろう。商人たちはそのことをよく知っていて、物の値段を端数のない正価で示さずに、たとえ後で十分な数の小銭を付け足すことになるにしても、正価のすぐ下の数を標示している。要するに、諸単位を数え、区別ある多様性を形成する過程は、二重の様相を呈する。一方で、私たちは諸単位を同一的なものとみなすが、このことはこれらの単位が等質的な環境のなかで並列されるという条件でのみ可能である。しかし、他方で、例えば第三の項が他の二つの項に付け加わると、全体の性質、様相、そしてリズムのようなものが変わる。このような相互浸透や、このような言わば質的進歩なしには、加算も不可能であろう。——したがって、私たちが質なき量という観念を形成できるのは、量のもつ質のおかげなのである。

真の持続

ここで明らかになるのは、あらゆる記号的表象の外では、時間は意識に対して一つの継起の諸項が互いに外在化されるような等質的環境という相を決してとることはないだろうということである。しかし、一連の同一的な諸項のなかでは、各項が意識に対して二重の相をとるといったただその事実だけから、私たちは自然とそうした記号的表象にたどり着くことになる。一つは、私たちが外的対象の同一性に思いを馳せることからくる、対象それ自身と常に同一的な相であり、もう一つは、その項の付加が全体の新たな有機化を引き起こすことに由来する特殊な相である。このことから、私たちが質的多様性と呼んだものを、数的多様性というかたちで空間のなかに展開し、それを前者の対応物と考えようとする可能性が生まれてくる。ところで、この二重の過程が外的現象の知覚におけるほど容易に遂行される場所は他にない。外的現象は、それ自体では認識できないが、私たちにとっては運動というかたちをとるのである。運動体は常に同じものなのだから、たしかにここには、相互に同一的な諸項の系列というものがある。しかし、他方、現在の位置と私たちの記憶がそれに先行する位置と呼ぶものとのあいだで私たちの意識がおこなう総合の結果、これらのイメージは相互に浸透し合い、補完し合って、言わば相互に連続することになる。したがって、持続が等質的な環境のかたちをとり、時間が空間のなかに投影されるのは、とりわけ運動の媒介によってである。しかし、運動がなくとも、はっきり限定された外的現象は、すべて、同じ表象の仕方を意識に暗示していたはずである。こうして、私たちが一連の鉄鎚の打撃を聞くとき、それらの音は純粋感覚としての不可分のメロディーをかたちづくり、さらに私たちが動的な進行と呼んだものを引き起こす。しかし、私たちは同一の客観的原因が作用しているのを知っているので、この進行をいくつかの段階に切断し、しかもその際、それらを同一的なものと考える。そして、この同一的諸項の多様性はもはや空間における展開によるとしか考えられないので、私たちはやはりどうしても真の持続の記号的イメージである等質的時間という観念にたどり着いてしまう。一言で言えば、私たちの自我はその表面で外的世界に触れている。私たちの継起的諸感覚も、相互に溶け合ってはいるが、その原因の客観的性格をなしている相互的外在性をいくぶんかとどめている。それ故に、私たちの表面的な心理生活は等質的環境のなかで繰り拡げられ、そうした表象の仕方をするのに大した努力は要らないのである。ところが、私たちが意識の深奥によりいっそう侵入していけばいくほど、この表象の記号的性格がだんだんと際立ってくる。つまり、内的自我、感じたり熱中したりする自我、熟慮したり決断したりする自我はその諸状態と変容が内的に相互浸透し合う力であるが、それらの状態を相互に分離して空間のなかで繰り拡げようとするや否や、深甚な変質を蒙るのである。だが、このより深い自我も他ならぬ表面的な自我と唯一つの同じ人格をつくりあげているのだから、必然的に同じ仕方で持続するように見える。そして、私たちの表面的な心的生活は、同じ容観的現象が繰り返されるのを常に表象しているために、相互に外在的な諸部分へと切断されるので、そのように限定された諸瞬間の方も今度は、私たちのよりいっそう人格的な意識状態の動的で不可分の進行のなかに切れ目を入れることになる。表面的自我の諸部分が等質的空間のなかに併置されることで物質的対象に確保されることになったこの相互的外在性が、こうして意識の深奥まで反響し、拡がっていく。少しずつ、私たちの諸感覚は、それらを生んだ外的原因と同じように相互から切り離され、感情や観念も、それらと同時的な感覚と同じように、それぞれに分離の道をたどることになるのである。——持続についての通常の考え方が純粋意識の領域への空間の漸次的侵入に基づくことをよく示しているのは、自我から等質的時間を知覚する能力を取り上げるためには、自我が調整器として使っている心的事実のより表面的な層を取り去れば十分だという事実である。夢は私たちをまさにこの状態に置くものである。というのは、眠りは身体組織の機能の働きを緩め、とりわけ自我と外的事物との交流の表面を変えるものだからである。その場合、私たちは持続を測るのではなく、感ずる。持続は量から質の状態へ戻るのだ。経過した時間の数学的評価はもはやおこなわれず、混然たる本能に席を譲る。それは、あらゆる本能と同じように、ひどい間違いもするが、またときには並外れた確実さで事にあたることもある。目覚めた状態においてすら、日常の経験から、私たちは質としての持続と言わば物質化された時間とのあいだに違いがあることを知っているはずだ。前者は意識が直接に達するような持続、動物もたぶん知覚している持続である。後者は空間のなかでの展開によって量となった時間である。私がこの数行を書いているときに、隣の大時計が時刻を告げている。だが、私の耳は他に気をとられていて、すでにいくつか時を打つ音を聞いた後でしか、それに気づかない。だから、私はそれらを数えていたわけではない。それでも、注意を溯らせる努力をすれば、すでに鳴った四つの音を総計し、それらを現に聞いている音に付け加えることができる。もし自分自身に立ち返って、いましがた起こったことについて注意深く自問するなら、私は次のようなことに気づくだろう。最初の四つの音は私の耳を打ち、私の意識を動かしさえしたのだが、しかしそれらの音の一つ一つが生み出した諸感覚は、併置されずに、全体に或る固有の相を授けるような仕方で、一種の楽節をつくるような仕方で、互いのうちに溶け合っていたのだ、と。打たれた音の数を溯って推算するために、私はこの楽節を思考によって再構成しようと試みた。想像力によって私は一つ、次いで二つ、次いで三つと音を打った。そして、想像力が正確に四という数に到達しないかぎり、意見を求められた感性は、全体の効果が質的に異なると答えたことになる。してみると、感性は四つの音を自分の流儀で、しかも加算とはまったく別のやり方で確認していたわけであって、個々別々の項の併置のイメージを介入させてはいなかったのである。要するに、打たれた音の数は、質として知覚されるのであって、量としてではない。持続はこのように直接的意識に現れるのであり、そしてそれは拡がりから引き出された記号的表象に席を譲らないかぎり、その形態を保持するのである。――したがって、結論として、多様性の二つの形式、持続のまったく異なる二つの評価、意識的生活の二つの様相を区別することにしよう。注意深い心理学は、真の持続の延長的記号たる等質的持続の下に、その異質的な諸瞬間が相互に浸透し合う持続を見分ける。また、それは、意識的諸状態の数的多様性の下に質的多様性を、はっきり規定された諸状態にある自我の下に継起が融合と有機的一体化を含むような自我を、見分ける。しかし、たいていの場合、私たちは前者に、つまり等質的空間のなかに投影された自我の影で満足してしまう。意識は、区別しようとする飽くなき欲望に悩まされて、現実の代わりに記号を置き換えたり、あるいは記号を通してしか現実を知覚しない。このように屈折させられ、またまさにそのことによって細分化された自我は、一般に社会生活の、特に言語の諸要求にはるかによく適合するので、意識はその方を好み、少しずつ根底的自我を見失っていくのである。

自我の二つの様相

この根底的自我を、変質していない意識がそれと認めるがままの姿で、再発見するためには、内的な生きた心理的諸事実を、最初に屈折させられ、次いで等質的空間のなかに凝固させられたそれらのイメージから分離するような力強い分析の努力が必要である。換言すれば、私たちの知覚、感覚、情動、観念は二重の相のもとに現れる。一つは、明瞭で、精密だが非人格的であり、もう一つは、混然としており、無限に動的であり、その上、言表不可能である。言表不可能だというのは、言語は、それを捉えようとすると、必ずその運動性を固定してしまうことになるからであり、かといってそれを自分のありきたりの形式に順応させようとすると、必ず共通領域のなかにそれを墜落させることになるからである。もし私たちが二つの形式の多様性、二つの形式の持続を区別するに至るなら、次のことは明らかである。すなわち、それぞれの意識事実は、それだけ取り上げてみれば、区別ある多様性のなかで考えられるか、それとも混然たる多様性のなかで考えられるかに応じて、またそれが生み出される質としての時間のなかで考えられるか、それともそれが投影される量としての時間のなかで考えられるかに応じて、異なった様相を帯びるはずなのだ。

例えば、これから滞在する町で初めて散歩に出るとき、私を取り巻くさまざまな事物は、このまま続くのだろうという印象と、絶えず変わっていくのだろうという印象とを、同時に私に対して生み出す。毎日私が認めるのは同じ家々である。それらが同じ対象であることを知っているので、私はいつもそれらを同じ名前で呼ぶし、またそれらがいつも同じ仕方で私に現れるものと思い込む。ところが、かなり時が経ってから、最初の数年間に感じた印象を思い出してみると、独特の、説明しがたい、とりわけ言い表しがたい変化がその印象のなかで起こっていたことに驚いてしまう。これらの対象は、私によっていつも知覚され、私の精神のなかで絶えず描かれているうち、遂に私から私の意識的存在の何ものかを借りていったようなのだ。つまり、それらの事物は私と同じく生きてきたし、私と同じく老いたのだ。これは単なる錯覚ではない。というのも、もし今日の印象が昨日の印象と絶対に同じであるならば、知覚することと再認することとのあいだに、初めて知ることと思い出すこととのあいだに、どんな違いがありえようか。けれども、こうした違いは大部分の人々の注意を免れている。それと知らされ、その上で自分自身に綿密に問うてみないかぎり、ほとんど誰もその違いに気づかないであろう。その理由は、私たちの外的な、言わば社会的な生活が私たちの内的で個人的な生活よりも私たちにとって実際上の重要さをもつからである。私たちは本能的に自分の印象を凝固させて、それを言語で表現しようとする傾向がある。そのことから、私たちは恒常的な生成のうちにある感情そのものを、その永続的な外的対象と、特にその対象を表現する言葉と混同することになる。私たちの自我のとらえどころのない持続が等質的空間へのその投影によって固定化されるように、私たちの絶えず変化する印象も、その原因である外的対象の周りを取り巻きながら、その明確な輪郭と不動性とを自分のものにしていくのである。

私たちの単純感覚は、自然状態で考察されるなら、まだ大した堅固さを示すわけではないだろう。子供の頃私は或る種の味や匂いを好んでいたが、いまでは嫌いになっている。ところが、私は体験された感覚にいまでも同じ名前を与えているし、あたかも匂いと味は昔と同じままで、ただ私の好みが変わっただけであるかのように語っている。してみれば、私はその感覚をいまだに固定化しているわけである。そして、その感覚の可変性が明らかになって無視できなくなると、私はその可変性を取り出して、別個に名前を与え、それを今度は好みというかたちで固定化する。しかし、本当は、同一の感覚とか多様な好みといったものは存在しないのだ。というのは、感覚も好みも、私がそれらを孤立化し、名付けるや否や、私には物として現れるようになるが、人間の心のなかにはほとんど進行しかないからである。ここで言わなければならないが、どんな感覚も繰り返されることで変様する。それが昨日今日で変わるように見えるのであれば、私がいま、その原因たる対象を通して、またそれを翻訳する言葉を通して、それを知覚するからなのだ。感覚に対する言語の影響は一般に思われているよりも根深いものである。言語はただ単に私たちに感覚の不変性を信じ込ませるだけではなく、体験された感覚の性格についてときには欺くこともある。例えば、美味だと評判になっている料理を食べるとき、人々がそれに与える称賛で膨れあがったその料理の名前が、私の感覚と私の意識のあいだに介在するようになる。少し注意すればその反対だということが分かるだろうに、私はその味が気に入っていると思い込むこともあるかもしれない。要するに、輪郭のはっきり決まっている言葉、人間の諸印象のうちの安定したもの、共通なもの、したがって非人格的なものを記憶に蓄えている剝き出しの言葉は、私たちの個人的な意識の微妙で捉えがたい印象を押し潰すか、あるいは少なくとも覆い隠してしまう。対等の武器で戦うためには、これらの印象の方も、正確な言葉で表現されなければならないだろう。だが、そのような言葉は、かたちづくられるや否や、それらを生み出した感覚に背を向けることになるし、もともと感覚が不安定であることを示すためにつくり出されたものなのに、自分固有の安定性を感覚に押しつけることになるだろう。

このように直接的意識を押し潰すという所業は、他のどこよりも、感情現象において著しい。熱烈な愛や深い憂いは私たちの心いっぱいに拡がるものである。それらは、互いに溶け合い浸透し合う無数のさまざまな要素であって、はっきり決まった輪郭はもっていないし、相互に外在化しようとするいささかの傾向性ももってはいない。それらの独自性はそうしたことと引き換えに成り立っている。だから、私たちがそれらの混然たる塊りのなかに数的多様性を見分けるとき、それら感情の諸要素はすでに変形してしまっている。では、それらを互いに切り離し、等質的環境のなかで繰り拡げてみると、いったいどうなるだろうか。この環境はさしあたっていまは、お望みのままに、時間と呼んでも空間と呼んでもよいのだが、さっきまでは、それらの一つ一つは、それが位置していた環境から定義しがたい或る色どりを借りてきていた。いまや、それは色褪せ、名前を受け取る準備をすっかり整えている。感情そのものは、自己を展開し、したがって絶えず変化する一つの生き物である。そうでないとしたら、感情が私たちを少しずつ一つの決心へと導くことは理解できなくなるだろうし、つまり私たちの決心は即座になされるということになるだろう。しかし、感情が生きているのは、感情の展開される場をなす持続がその一つ一つの瞬間ごとに相互に浸透する持続だからである。それらの瞬間を相互に分離し、時間を空間のなかで繰り拡げたために、私たちはその感情からその生気と色彩とを失わせてしまったのである。したがって、私たちはいま、私たち自身の影に直面しているのだ。自分では感情を分析したつもりでも、実は感情の代わりに、言葉に翻訳できる無生気な諸状態を併置しただけなのである。これらの状態はそれぞれが、社会全体が或る特定の場合に感じた印象の共通要素を、したがって非個人的な残余をなしている。それ故に、私たちはこれらの状態について推論したり、私たちの単純な論理をそれらに当てはめたりできるのである。つまり、私たちはそれらを互いに分離したという、ただそれだけのことで、それらを類に昇格させてやり、やがておこなわれる演繹にそれらが役立つように準備したのだ。もし、いまここに、誰か型破りな小説家がいて、私たちの因襲的自我が器用に織りあげた布を引き裂き、この外見上の論理の下に根本的な不合理を、またこの単純な諸状態の併置の下に、名付けられる瞬間にすでに存在しなくなったさまざまな印象の無限の浸透を示してくれるなら、私たちは彼を私たち自身より以上に私たちのことを知っていると称賛するであろう。だが、決してそうはならない。私たちの感情を等質的空間のなかに繰り拡げ、その諸要素を言葉で表現するというまさにそのことによって、彼の方も私たちに感情の一つの影を提示しているだけなのである。ただ彼は、影を投影する対象の異常で非論理的な本性を私たちに推察させてくれるような仕方で、この影を処理した。彼は、表現された諸要素の本質そのものをなす矛盾や相互浸透のいくぶんかを、外的表現のなかに置き入れることによって、私たちを反省へと誘った。私たちは彼に勇気づけられて、しばし、私たちが私たちの意識と私たちとのあいだに介在させた覆いを取り除いた。彼は私たちを再び私たち自身と向き合わせたのである。

もし私たちが言語の枠を打ち破って、観念そのものを自然状態で、つまり空間という憑きものから解放された意識が知覚するような姿で、捉えようと努めようとすると、私たちは同じ種類の驚きを覚えるだろう。このような観念を構成する諸要素の分解は、いずれは抽象に行き着くことになるが、あまりに便利なので、日常生活においても、さらに哲学的議論においてさえ、これなしで済ますことはできない。しかし、分離された諸要素は、まさに具体的観念の組織のなかに入り込んでいた諸要素だと考えたり、現実的な諸項の浸透をそれらの記号の併置と代替して、空間でもって持続を再構成すると主張したりしようものなら、私たちはどうしても観念連合説の誤りに陥ってしまうだろう。この点についてはいまは詳説せず、次の章で立ち入って検討することにしよう。ここでは、或る種の問題で態度を決定する際には非反省的な熱情が伴うということからして、私たちの知性にもその本能というものがあるということの十分な証しであると言うだけで足りよう。それにしても、あらゆる観念に共通な飛躍、つまりそれらの相互浸透によるのでなければ、どうやって私たちはこれらの本能を表象できるのであろうか。私たちが最も強く愛着を覚える意見は、最も説明しにくい意見であり、またそれらの意見を正当化する理由そのものがそれらを採用するように決心させたものであるということも、稀である。或る意味で、私たちはそれらの意見を理由なしに採用してしまっているのだ。というのは、私たちの眼にそれらが価値あるもののように見せているのは、それらの意見のもつニュアンスが私たちの他のすべての観念に共通な色合いに照応しているからであり、私たちは最初からそこに私たちの分身を見てしまっているからである。だから、それらの意見は、私たちの精神のなかでは、それらを言葉で表現するために精神の外へ出そうとするや否や帯びてしまうようなありきたりの形態をもってはいない。また、それらの意見は、他の人々において同じ名で呼ばれていようと、まったく同じものではない。実を言えば、意見というものはそれぞれ有機体のなかの細胞のような仕方で生きている。自我の状態全般を変様するものはすべて、その意見をも変様するのである。しかし、細胞が有機体の或る特定の点を占めるのに対して、真に私たちのものである観念は自我全体を充たす。もっとも、すべての観念がこのように意識の諸状態の塊りに合体するわけではない。多くは、池の水面に浮かぶ枯れ葉のように、表面に漂っている。このことから、私たちの精神は、観念を考えるとき、あたかも自分には外的なものであるかのように、それを常に一種の不動性のうちに再発見するということが分かる。こうした部類に属するのは、私たちがすっかり出来あがったものとして受け取り、しかも私たちの実体に同化することなく私たちのうちにとどまっている観念とか、あるいはまた私たちが保持するのを怠って、打ち捨てられたまま干からびてしまった観念である。もし私たちが自我の深い層から遠ざかるにつれて、私たちの意識状態が次第に数的多様性のかたちをとるようになり、等質的空間のなかで繰り拡げられるようになるとすれば、それはまさしく、これらの意識状態がますます惰性的な性質を帯び、ますます非個人的なかたちをとるようになるからである。したがって、私たちの観念のうち私たちに帰属することが最も少ない観念だけが、言葉で適切に表現されうるとしても、驚くにはあたらない。後述するように、そういう観念にだけ観念連合説は適合するのである。それらの観念は互いに外在的であり、その各々の内的性質が何ら関与しないような諸関係を、つまり分類することのできるような諸関係を相互のあいだに維持している。したがって、それらが連合するのは、隣接によるとか、何らかの論理的理由によるとか言われることになる。しかし、もし私たちが自我と外的事物との接触面の下を掘り進んで、有機化された生きた知性の奥底まで侵入していけば、私たちはきっと、一度分離されたために、論理的に矛盾する諸項というかたちで相互に排除し合っているように見える多くの観念の重なり合い、あるいはむしろ内的融合を目撃することになるだろう。世にも奇妙な夢ではある。けれども、二つのイメージが重なり合って、異なる二人の人間を同時に示すが、それでも一人でしかないという、この夢は、目覚めた状態における私たちの概念の相互浸透について、わずかながら或る観念を与えてくれるであろう。夢見る人の想像力は、外的世界から隔離されてはいるが、知的生活のいっそう深い領域で絶えず観念の上で続けられている作業を単純なイメージに基づいて再現し、それなりの流儀でつくり変えているのである。

私たちが最初に述べた原理、すなわち意識的生活は、これを直接に捉えるか、それとも空間を通して屈折させて捉えるかに応じて二重の相のもとに現れるという原理は、このように、内的諸事実のより立ち入った研究によって、確かめられるし、解明されることにもなろう。——深い意識状態は、それら自身において考察されると、量とは何の関係もなく、純粋な質である。それらは、一なのか多なのか言いえないような仕方で、まさそういう観点から検討すればたちまち変質するような仕方で、互いに混ざり合っている。それらがそのようにして生み出す持続は、その諸瞬間が数的多様性を構成しないような持続である。これらの諸瞬間を、互いに重なり合っているという言い方で性格づけてみても、やはりそれらを区別することになろう。もし各人が純粋に個人的な生活を送り、社会も言語も存在しないとしたら、私たちの意識は内的諸状態の系列をこのような区別のないかたちで捉えうるだろうか。そんなことは多分まったくありえないだろう。なぜなら、私たちは諸対象がはっきりと相互に区別される等質的空間という観念を保持するだろうし、また、最初に意識の眼に印象づけられる言わば雲のかかったような諸状態をより単純な諸項に分解するために、それらをこのような環境のなかで整列させることとは、非常に便利なことだからである。しかしまた、等質的空間の直観はすでに社会生活への第一歩だということによく注意しよう。動物はおそらく、私たちのように、自分の感覚のほかに、自分とは区別される、あらゆる意識的存在の共有財産たる外的世界を思い描くことはしないだろう。このような事物の外在性やそれらの環境の同質性をはっきりと思い描く傾向性は、また、私たちに共同生活を営ませ、話すようにさせる傾向性である。しかし、社会生活の諸条件がより完全に実現されるにつれて、意識状態を内から外へ運ぶ流れもまたいっそう強化される。少しずつ、これらの状態は対象に、もしくは物に変化していく。それらは単に相互に切り離されるだけでなく、私たちからも切り離されるようになる。そのとき、私たちはもはや、私たちがそのイメージを凝固させた等質的空間のなかでしか、またそれらにありきたりの色合いを貸し与える言葉を通してしか、それらの状態を捉えなくなる。こうして第一の自我を覆う第二の自我が形成される。それは、その存在が区別ある諸瞬間をもち、その諸状態が相互に切り離され、難なく言葉で表現されるような自我である。ここで、私たちが人格を二分して、最初に排除した数的多様性をそこに別のかたちで導入しているなどと非難しないでもらいたい。区別ある自我を統覚する自我も、また、その後でいっそう注意を凝らして、これらの状態が手で長く触れた雪の針状結晶のように互いに溶け合うのを見る自我も、同じ自我なのである。実を言えば、言語の便宜のためには、秩序の支配しているところに再び混乱を起こさない方が、また「帝国のなかにもうひとつの帝国をつくる」ことをやめさせた言わば非個人的な諸状態の巧妙な配列を乱さない方が、はるかに得である。はっきりと区別のある諸瞬間をもち、明瞭な性格づけをそなえた内的生活の方が社会生活の諸要求にうまく応えられるだろう。また、皮相な心理学も、それを記述するだけに満足すれば、そのために誤謬に陥ることもなくなるだろう、ただし、一度つくられた諸事実の研究にとどめ、その形成様式に口出しすることをしなければ、である。——しかし、この心理学が静力学から動力学へ移って、成し遂げられた事実について推論したことがあったように、今度は成し遂げられつつある事実について推論すると主張しようとでもしたら、また心理学が具体的で生きた自我を、相互に区別があり、等質的環境のなかに併置されるような諸項の連合として提示でもしようものなら、この心理学は自己の前に打ち勝ちがたい困難が立ちはだかるのを見ることになるだろう。しかも、これらの困難は、それを解決するために努力すればするほど、ますます増加することになろう。というのは、その努力はすべて、時間を空間のなかに繰り拡げ、継起を同時性のなかに置いたその根本的仮説の不合理性をますます引き立てることになるだけだろうからだ。――私たちはこれから、因果性や自由の問題、一言で言えば、人格性の問題に内属するさまざまな矛盾もまたそれ以外の起源をもたないこと、それらの矛盾を取り除くには、真の自我、具体的自我をその記号的表象の代わりに置き換えるだけで十分なのだということを見ていくことにしよう。

第三章　意識の諸状態の有機的一体化について
——自由

自由の問題が自然についての相対立する二つの体系、機械論と力動論とをなぜ争わせているのかを理解するのは困難ではない。力動論は、意識によって与えられる意志的活動の観念から出発し、この観念を少しずつ骨抜きにすることによって、惰性の表象に達する。したがって、力動論が一方に自由な力を、他方に諸法則によって支配される物質を考えるのは造作もないことである。しかし、機械論は逆の歩みをたどる。機械論は、さまざまな物質的素材を自ら総合し、それらを必然的諸法則に支配されているものとみなす。そして、いかにそれらの結合がだんだん豊かなものとなり、ますます予見が困難になり、外見上いよいよ偶然的なものになっていっても、最初に閉じこもった狭い必然性の圏内から出ようとはしない。——自然についてのこうした二つの考え方を立ち入って検討してみると、それらが法則と法則が支配する事実との諸関係についてかなり異なった二つの仮説を含んでいることが分かるだろう。力動論者は、その視線をより高く上げるにつれて、それだけ事実が法則の束縛を免れるのを認めたと考える。したがって、彼は事実を絶対的現実とみなし、また法則をこの現実の多少とも記号的な表現とみなすのである。逆に、機械論の方は、特殊な事実のなかに或る一定数の法則を見分け、事実はそれらの法則の言わば交差点だと考える。この仮説においては、根本的な現実となるのは、法則である。――いま、どうして前者が事実に、後者が法則に高次の現実性を帰属させるのかを追究してみると、機械論と力動論では単純性という言葉が非常に異なる二つの意味に解されていることが分かるであろう。前者にとって、原理はすべて、その結果が予見され、計算されさえすれば、単純である。こうして惰性の概念は、定義そのものからして、自由の概念より単純なものとなり、等質的なものは異質的なものより、抽象的なものは具体的なものより、いっそう単純なものとなる。しかし、力動論の方は、諸観念のあいだに最も好都合な秩序を打ち立てることよりも、それらのあいだの現実的な関連を見いだそうと努める。実際、往々にして、単純だと言い立てられている観念――例えば、機械論者が原始的だとみなしている観念――は、そこから派生するように見えるいくつかの、よりいっそう豊かな諸観念の融合によって得られている。そして、これらの観念は、闇が二つの光の干渉から生じるように、その融合そのもののなかで相互に中和されるのである。この新しい観点から眺めると、自発性の観念の方が惰性の観念よりも異論の余地なく単純である。というのは、後者は前者によってしか理解も定義もされえないのに、前者は自己充足的であるからだ。事実、誰もが自分の自由な自発性について、現実であれ錯覚であれ、確かな直感をもつが、その際、この表象のなかに惰性の観念は、理由や目的が何であろうとも、入ってこない。しかし、物質の惰性を定義するために、それは自分から動くことも止まることもできないとか、あらゆる物体は、何らかの力が介入しないかぎり、静止ないし運動の状態を保つとも言われる。つまり、いずれの場合にも、どうしても活動性の観念を参照せざるをえないのである。このようにさまざま考え合わせてみると、具体と抽象、単純と複雑、事実と法則といった関係をどう理解するかに応じて、なぜ初めから先天的に(a priori)、人々が人間の活動について相対立する二つの考え方にたどり着くのか得心がいくというものだ。

　とはいえ、後天的には(a posteriori)、はっきりした事実が自由の反証として引き合いに出される。一つは物理的な事実であり、もう一つは心理的な事実である。或る場合には、私たちの行動は感情、観念、以前の意識状態の全系列によって必然的に規定されると主張され、また或る場合には、自由というものは物質の根本的諸特性、特に力の保存の原理と相容れないものとして告発される。ここから二種類の決定論、普遍的必然性についての外見上は異なった二つの経験的証明が出てくる。これから私たちが示したいと思っているのは、これら二つの形式のうち第二のものは第一のものに帰着するということ、そしてどんな決定論も、たとえ物理的なものであっても、心理的な仮説を含んでいる、ということである。それから私たちは、心理的決定論そのものも、これに加えられる反駁も、意識状態の多様性、とりわけ持続についての不正確な考え方に基づいていることを明らかにしよう。こうして、前章で展開された原理に照らして、その活動が他のいかなる力の活動にも比較できないような自我が出現するのを見ることになるだろう。

物理的決定論

物理的決定論は、その最近の形式では、物質についての力学的、あるいはむしろ動力学的理論と密接に結びついている。宇宙は物質の集積として表象され、想像力によって分子と原子に分解される。これらの微粒子は絶え間なくあらゆる性質の運動、ときには振動運動、ときには並進運動を、おこなう。そして、物理現象も化学作用も、また感覚が知覚する物質の諸性質、例えば熱、音、電気、それにおそらく引力さえも、これらの基本要素の運動に客観的に還元される。有機体の構成に参与する物質も同じ法則に従っているので、例えば神経組織のなかにも、互いに引き合ったり押し合ったりして運動する分子と原子以外のものは見いだされないだろう。ところで、すべての物体が、有機物であれ無機物であれ、それらの要素的部分においてこのように相互に作用し反作用するのだとすると、或る一定の瞬間における脳の分子状態が〈神経組織が周囲の物質から受けるさまざまな衝撃〉によって、変様されるであろうということは明白である。したがって、私たちのうちで相ついで起こる諸感覚、諸感情、諸観念も、外から受けた衝撃と、以前から神経物質の諸原子を活動させていた運動との合成によって得られた機械的合力として定義されうるであろう。しかし、逆の現象も起こりうる。神経組織を舞台とする分子運動は、相互に、あるいは他の分子運動と合成されて、しばしば合力となり、周囲世界に対する私たちの身体組織の反作用を引き起こすであろう。ここから反射運動が生まれもするし、またここからいわゆる自由で意志的な行動も生まれてくるのである。しかも、エネルギー保存の原理は曲げられないと考えられているので、神経組織のなかにも、広大な宇宙のなかにも、その位置が他の原子から受ける機械的作用の総和によって決定されないような原子はおよそ存在しないということになる。もし或る一定の瞬間における人間の身体組織の分子なり原子なりの位置と、その身体組織に影響を与えうる宇宙のすべての原子の位置ならびに運動とを知っているような数学者がいたとしたら、彼はこの身体組織をもつひとの過去、現在、未来の行動を、あたかも天文現象を予見するように、絶対確実な精密さで計算することであろう(1)。

一般に生理現象についての、特に神経現象についてのこうした考え方が、力の保存の法則からかなり自然に出てくることを認めるのに、何の困難もないであろう。たしかに、物質についての原子論は仮説状態にとどまっているし、物理的事実の純粋に動力学的説明も、そうした原子論と結びつけば、得るものより失うものの方が大きい。例えば、ガスの流失についてのヒルン氏の最近の実験(2)は、熱のなかに分子運動以外のものも見るように促している。発光性のエーテルの構成に関する諸仮説は、すでにオーギュスト・コントにかなり軽蔑的にあしらわれたものだが(3)、すでに確証されている惑星運動の規則性(4)や、特に光の分離現象(5)とはほとんど両立できないように見える。原子の弾力性の問題は、ウイリアム・トムソンのすばらしい仮説の出た後でさえ、乗り越えがたいいくつかの困難を引き起こす。最後に何より問題なのは、原子そのものの存在である。その特性を次第に多くして、原子を豊かにしなければならなかったことから判断すると、原子を現実的な物というよりは、機械論的説明の残滓が物質と化したものではないかとよほど考えたくもなるであろう。しかし、生理的事実がそれに先立つ生理的事実によって必然的に決定されるということは、物質の究極的な構成要素の性質に関するどんな仮説とも無関係に認められていることであり、そしてただそのことだけによって、エネルギー保存の定理があらゆる生命体に拡張されているのだということに、注意しなければならない。というのは、この定理の普遍性を承認するということは、結局のところ、宇宙を構成するさまざまな質点が、これらの質点自身から発出する引力と斥力とにのみ従っており、そしてそれらの力の強さはただ距離にだけ依存する、と仮定することだからである。このことから、或る特定の瞬間におけるこれら質点の相対的位置――質点の性質がどんなものであれ――は、それに先立つ瞬間にあった位置との関係によって厳密に決定される、ということが帰結する。したがって、しばらくこの仮説の立場に立つことにしよう。その上で、まず、この仮説からは私たちの意識の諸状態が相互に絶対的に決定されているという結論は出てこないこと、次に、エネルギー保存の原理のもつ普遍性といえども、何らかの心理的仮説によるのでなければ、認められえないということを示そうと思う。

実際、大脳の物質を構成する各原子の位置、方向、速度が持続のあらゆる瞬間において決定されていると仮定しても、私たちの心理生活が同じ宿命に従っているという結論はどうしても出てこないだろう。というのは、それにはまず、或る一定の大脳の状態に厳密に決定された一つの心理的状態が対応することが証明されなければならないだろうが、その証明はまだなされていないからである。鼓膜の一定の振動、聴覚神経の一定の震動が一定の音階音を生み出すこと、また、かなり多くの場合に、物理的なものと心理的なものという二つの系列のあいだに平行関係があることが確認されているということを知っているものだから、たいていは誰もその証明が是非とも必要だとは思わないのである。しかしまた、いくつかの条件が与えられたなかであっても、私たちは自分の好むしかじかの音を聞いたり、しかじかの色を見たりする自由をもっているとことさらに主張しようとは誰も思わなかったということも、事実なのだ。この種の感覚は、他の多くの心的状態と同じように、決定因となるいくつかの条件と明らかに結びついており、だからこそ、これらの感覚の下に、我らの抽象的力学が支配する運動体系を想像したり発見したりすることもできたのである。要するに、機械論的説明がうまくいくところではどこでも、生理的なものと心理的なものとの二つの系列のあいだにほとんど厳密と言ってよい平行関係が認められるが、これは驚くに当たらない。というのは、この種の説明が見いだされるのは、きまって、二つの系列が平行的な諸要素を示すところでだけだからだ。しかし、このような平行論を二つの系列そのものの全体にまで拡張するということは、自由の問題を先験的に(a priori)裁断してしまうことになる。たしかに、そうすることも許されており、多くの偉大な思想家たちもそうすることを躊躇しなかった。けれどもまた、初めに述べたように、彼らが意識の諸状態と拡がりの諸様態との厳密な対応関係を主張したのは、物理的次元の理由からではなかった。ライプニッツはこの対応関係を予定調和に帰したが、いかなる場合にも、原因がその結果を生み出すような仕方で、運動が知覚を生み出しうるとは認めなかった。スピノザは思考の諸様態と拡がりの諸様態とは相互に対応するが、決して影響し合うことはないと言った。それらは、異なった二つの言語体系のうちで、同一の永遠の真理を展開するのである。しかし、現代に現れているような物理的決定論の思想は、それほどの明晰さや、それほどの幾何学的厳密さを示すにはほど遠い。人々は大脳のなかでおこなわれる分子運動を思い浮かべて、こう言う。どうしてなのか分からないが、これらの分子運動からときどき意識が現れて、多分それらの痕跡を燐光のように光らせるのだろう、と。あるいはまた、役者がまったく音の出ない鍵盤に触れている間、舞台裏で演奏している目に見えない演奏者のことを思い浮かべて、こう言う。あたかもメロディーがリズムに合った役者の運動に重なり合うように、意識は未知の領域からやってきて、分子の振動と重なり合うのだろう、と。しかし、どんなイメージに頼ろうと、心理的事実が分子運動によって必然的に決定されているということは証明されてはいないし、決して証明されることもないだろう。というのは、或る運動のなかに見いだされるのは、おそらく他の運動の理由であって、意識状態の理由ではないからだ。ただ経験だけが、意識状態が運動に伴うことを確証できるであろう。ところで、二つの項の恒常的な結合が経験的に検証されたのは、きわめて数の限られた場合だけであって、しかも、衆目の一致するところでは、意志からはほとんど独立した事実に関してだけである。しかし、なぜ物理的決定論がこの結合を、可能なすべての場合にまで拡張するかを理解するのは、容易である。

実際、意識が私たちに告げているのは、大部分の行動は動機によって説明できるということである。他方、常識は自由意志があると信じている以上、ここで、決定ということが必然性を意味するとは思えない。しかし、もう少し先で詳細に批判するつもりだが、決定論者は持続と因果性についての或る考え方に欺かれて、意識事実相互の決定を絶対的なものとみなしている。こうして生まれるのが観念連合説の決定論である。これは、支えとして意識の証言に訴えるが、まだ科学的厳密さを主張するわけにはいかない仮説である。この言わば近似的な決定論、質の決定論が、自然現象を支えているのと同じメカニズムによって、自分を支えようとするのは、当然だと思われる。このメカニズムは近似的決定論にその幾何学的性格を授けるだろうし、またこうした授与作用は同時に心理的決定論にも物理的決定論にも有利に働くであろうから、前者はそこからますます厳密なものとなって出てくるであろうし、後者は普遍的なものとなるであろう。こうした二つの決定論の接近には或る好都合な事情が幸いしている。実際、最も単純な心理的事実は、はっきりと規定された物理現象の上におのずから自分の位置を定めるようになるもので、大部分の感覚は或る一定の分子運動と結びついているように見える。心理的次元の理由から、私たちの意識状態はそれらが生まれる環境によって必然的に決定されるとすでに認めているひとには、経験的証明のこのような端緒だけで十分である。これ以降、彼はもはや躊躇することなく、意識の舞台で演じられる劇は、有機的物質の分子や原子が演じるいくつかの場面を常に逐語的に忠実に翻訳したものとみなしてしまうのである。このようにして人々が到達する物理的決定論は、自然科学に訴えて自分自身を検証し、自分固有の輪郭を確定しようとする心理的決定論にほかならない。

とはいえ、力の保存の原理が厳密に適用された後で私たちに残される自由の持ち分はかなり制限されたものになるということは、たしかに認めなければならない。というのは、たとえこの法則が私たちの観念の流れに必ずしも影響を与えないとしても、それは少なくとも私たちの運動を決定するだろうからである。私たちの内的生活は、たしかに或る程度までは、まだ私たちに依存しているであろうが、しかし外部に位置する観察者にとっては、私たちの活動を絶対的な自動機械から区別するものは何もないにちがいない。したがって、次のように自問してみることが大切である。すなわち、力の保存の原理を自然のあらゆる物体にまで拡張することは、それ自体何らかの心理学的理論を含んでいないかどうか、また人間の自由に反対する何の先入見も初めから(a priori)もっていないような学者なら、この原理を普遍的法則として打ち立てようと考えるだろうか、と。

エネルギー保存の原理が自然科学の歴史のなかで果たした役割を過大視してはならないだろう。それは、その現在のかたちでは、或る種の科学の発展の一段階を示すものではあるが、この発展を宰領してきたわけではないし、それをあらゆる科学的探究に不可欠な要請とするのは誤りであろう。たしかに、或る与えられた量に対する演算は、その量をどんな仕方で分解するにせよ、演算の過程を通してこの量が不変であることを予想した上でなされる。換言すれば、与えられているものは与えられており、与えられていないものは与えられていないわけだから、どんな順序で同じ諸項の総和を求めようと、同じ結果が見いだされるであろう。科学は永遠にこの法則に従うであろうが、それこそ矛盾律にほかならない。だが、この法則は、与えられるべきものや不変のままにとどまるものの本性についての特別な仮説を何ら含んではいないのである。それはたしかに、或る意味では、無からは何ものも生じえないということを私たちに教えている。しかし、科学的に見て、何ものかとみなされるべきものの諸相や諸機能が何であるか、また、実証科学の見地からして、無とみなされるべきではないものが何であるかを私たちに告げるのは、ただ経験だけである。要するに、或る一定時における一定の体系の状態を予見するためには、一連の結合を通して何ものかが不変の量として保存されることがどうしても必要である。だが、この何ものかの本性についてはっきりと示すのは、またとりわけ、それがあらゆる可能な体系のうちに見いだされるかを、別言すれば、あらゆる可能な体系が私たちの計算に適合するかを私たちに知らせてくれるのは、経験の役目なのである。ライプニッツ以前のすべての物理学者が、デカルトのように、宇宙における運動量が同一に保存されることを信じていた、ということは証明されていない。だからといって、彼らの発見は価値がなかったとか、彼らの探究が成功しなかったということになるだろうか。ライプニッツがこの原理に代えて活力の保存の原理を置いたときでさえ、そのように定式化された法則がまったく一般的なものだとは誰も考えることができなかった。というのは、この法則は二つの非弾性体の正面衝突を明白な例外として認めているからである。したがって、人々はずいぶん長い間、普遍的な保存の原理なしで済ませてきたのである。その現在のかたちの下では、そして熱力学理論の形成以来、エネルギー保存の原理は、たしかに物理‐化学的現象全般にわたって適用しうるように思われる。しかし、一般に生理的現象、特に神経現象の研究次第では、ライプニッツが語っていた活力や力学的エネルギーと並んで、また後にそれに付け加えられねばならなかった潜在的エネルギーと並んで、もはや計算に適合しないという点でこれら二つのものから区別されるような何か新しい種類のエネルギーが存在することが明らかになるかもしれない。だからといって、最近主張されているように、自然科学はそのことによって、その正確さや幾何学的厳密さの何も失うことはないだろう。ただ依然として了解ずみなことは、恒常的諸体系は可能な唯一の体系ではないこと、あるいはさらに、これらの体系は、化学者の言う原子が物体とそれら物体同士の結合とのなかで果たすのと同じ役割を、具体的現実全体のなかで果たしているということである。最も徹底的な機械論は、意識を、与えられた環境のなかで一定の分子運動に付け加わりにやってくることのできる付随現象にしてしまうものだということに注意しよう。しかし、分子運動が意識を伴わない感覚をつくり出すことができるというのであれば、どうして意識の方でも、運動的ならびに潜在的エネルギーを伴わずに、あるいはそうしたエネルギーを自分流に利用して、分子運動をつくり出せないことがあろうか。——その上、エネルギー保存の法則は、その諸点が動くことができ、また元の位置に帰ることもできるような体系に適用される場合にのみ理解できるものだということに注意しよう。少なくともこうした還帰は可能だと考えられているし、またこれらの条件があれば、体系全体の最初の状態にも、その要素的諸部分にも、何の変化も起こらないだろうと認められている。要するに、時間はそうした体系に対して何の影響力ももってはいない。そして、物質の同一量、力の同一量の保存に対する、人間の漠然とした本能的な信憑は、まさに惰性的な物質が持続するようには見えないこと、あるいは少なくとも流れた時間の何の痕跡も保存していないことに基づくのであろう。しかし、生命の領域では事情は同じではない。ここでは、持続はまさに原因のような仕方で作用しているように見えるし、また或る一定の時間が過ぎた後で事物を元の場所に戻すという考えは一種の不合理を含意している。というのは、このような後戻りは生物においては決しておこなわれないからである。しかし、その不合理はまったく見かけだけのものだとさしあたって認めてみよう。そしてこの不合理は、生命体のなかでおこなわれる物理‐化学的諸現象が無限に複雑なため、すべてが同時に生み出される可能性はまったくないことに由来するのだ、と。それでも、少なくとも後戻りという仮説は意識事実の領域では理解できなくなるということには、同意してもらえるであろう。感覚というものは、それが長引くというただそれだけのことで、耐えがたくなるまでに変化していく。ここでは同じものが同じままにとどまるということはなく、その過去の全体によって強化され増大するのである。要するに、力学が解しているように、もし質点が永遠の現在のうちにとどまるのだとすれば、過去はおそらく生物体にとって、また意識的存在にとっては確実に、一つの現実なのだ。流れた時間は、恒存的だと想定されている体系にとっては何の得失にもならないが、生物にとっては多分、また意識的存在にとっては異論の余地なく利得なのである。そこでこう思いたくなる。このような条件のなかで、時間の作用に従いつつ持続を蓄えながら、まさにそのことによってエネルギー保存の法則を免れるような或る意識的力ないし自由意志というものがあるのではないか。せめてそのような仮説を優遇するような推定を援用することはできないものだろうか。

実を言うと、この力学の抽象的原理を普遍的法則として昇格させたのは、科学を基礎づける必要から出たことではなく、むしろ心理的次元に属する一つの誤りなのだ。私たちは自分自身を直接に観察する習慣がなく、外的世界から借りてきた諸形式を通して自分を捉えるものだから、現実的持続、意識によって生きられた持続が、惰性的な諸原子の上を、それに何の変化も与えないで滑り過ぎてしまう持続と同じものだと思い込むようになる。その結果、私たちは、ひとたび時間が流れ去ってしまうと、事物を元の場所に戻したり、同じ動機が同じ人物に再び作用すると想定したり、そしてそれらの原因がやはり同じ結果を産むと結論づけたりすることは不合理なのだということが分からなくなってしまうのである。このような仮定が理解できないものだということは、もう少し先で示すことにしよう。さしあたっては、この道にいったん入り込むと、エネルギー保存の原理をどうしても普遍的法則に昇格させざるをえなくなることを確認するだけにとどめよう。すなわち、ひとは、注意深く検討すれば歴然と認められる、外的世界と内的世界とのあいだの根本的差異をまさに抽象してしまい、真の持続を外見上の持続と同一視してしまったのだ。そうなると、時間を、私たちの時間をさえ、得失の原因として、具体的現実として、独自の力として考えることは、不合理だということになってしまうであろう。だから、自由についてのあらゆる仮説を捨象した上で、エネルギー保存の法則が物理現象を支配するのは、心理的事実がそれを確認するまでの間だと言うだけにとどめるはずだったのが、この命題を無限に乗り越え、さらに或る形而上学的偏見に影響されて、力の保存の原理は、心理的事実が誤りとしないかぎり、現象全体に適用される、と言い立てるまでになるのだ。したがって、ここでは、本来の意味での科学は何の関係もない。私たちが直面しているのは、私たちに言わせれば根本的に異なっている、持続についての二つの考え方の恣意的な同化なのである。要するに、いわゆる物理的決定論は、結局、心理的決定論に還元されるのであり、最初に述べておいたように、検討する必要があるのは、まさにこの学説なのである。

心理的決定論

心理的決定論は、その最も精密な最近の形式では、精神についての観念連合説的な考え方を含んでいる。ひとは現在の意識状態をそれに先立つ諸状態の必然の結果と思ってはいるが、そこに例えば合力を合成的諸運動に結合する類のような幾何学的必然性はまったくないこともよく分かっている。というのは、継起する意識の諸状態のあいだには質の相違があるが、そのため、それらの一つをそれに先立つ諸状態から先験的に(a priori)演繹するのは常に失敗するだろうからだ。そこで、ひとは経験に訴えて、或る心理状態から次の心理状態への移行がいつも何か簡単な理由で説明され、後者が言わば前者の呼びかけに従うといったような証明を経験に求めることになる。実際、経験はそのことを証明するわけで、私たちとしても、現在の意識状態と、意識が移り行くすべての新しい状態とのあいだに或る関係が存在することを難なく認めるであろう。だが、この関係は、移行を説明してくれるにしても、そもそもその移行の原因なのだろうか。

ここで個人的な観察を述べることを許してもらいたい。ちょっと中断していた会話を再び始めたとき、会話の相手も私も同時に何か新しい話題のことを考えているのに気づいたことがあった。——銘々が会話を途絶えさせた観念の自然な展開を自分に引き寄せて追跡していて、同じ系列の観念連合がそれぞれ別々に形成されていたからだ、と言うひともいるかもしれない。――私たちは、かなり多くの場合に関して、そうした解釈を採用するのに躊躇するものではない。けれども、よくよく調べてみると、私たちはここで意外な結果に到達した。たしかに二人の会話者が新しい話題を古い話題に結びつけるということは、よくあることで、彼らは新旧の話題を媒介した諸観念を指摘することさえできるであろう。しかし、奇妙なことに、彼らが共通の新しい観念を結びつけるのは、必ずしも前の会話の同じ点ではないし、また媒介する観念連合の二つの系列が根本的に異なっていることもありえよう。以上のことから、次のこと以外に何が結論されようか。すなわち、この共通の観念は或る未知の原因から――おそらく何らかの物理的影響から――出てきたものであり、そして、この観念は、自分の出現を正当化するために、自分を説明してくれる一連の先行観念を生み出したのだ、と。つまり、先行観念は媒介観念の原因であるように見えるが、むしろその結果なのである。

　或る被験者が催眠状態で受けた暗示を指定された時刻に実行するとき、彼がおこなう行為は、彼によれば、彼の意識の諸状態の先行系列によって誘導されたものだということである。しかし、これらの意識状態は本当は結果であって、原因ではない。つまり、行為はおこなわれなければならなかったし、また被験者もそれを自分に説明しなければならなかったのである。だから、未来の行為こそが、一種の牽引力によって心的諸状態の連続的系列を決定したのであり、そして行為はその系列から、後になって自然と出てくることになったのだ。決定論者たちはこの議論を横取りするかもしれない。それは実際、私たちが他人の意志の影響をときには抗しがたく受けることがあることを証明している。しかし、この議論はまた、それに劣らず、いかに私たち自身の意志が、意志するために意志することができ、次いで、おこなわれた行為をその原因であった先行行為によって説明させることができるかをよく理解させてくれるものではないだろうか。

細心綿密に自分自身に問いかけてみると、すでに決意はなされているのに、動機の重さを測ったり、千思万考したりすることがあるのが分かるだろう。ほとんど聞き取れないほどに内的な声がぶつぶつとこう言う。「なぜ、そんなに思いあぐねるのか。結果は分かっているし、何をしたらいいのかもよく分かっているだろうが」。しかし、そんなことはどうでもよいのだ！と言わんばかりに、私たちは機械論の原理を守り、観念連合の法則と折り合いをつけようと躍起になっているように見えるのである。意志の突然の介入は、知性が予感していたクー・デタのようなものだが、知性はこれを正当化するために、事を起こす前に正規の審議は十分尽くしたぞという実績を残しておきたかったのだ。たしかに、意志が、意志するために意志するときでさえ、何らかの決定的理由に従っているのではないか、また意志するために意志することは果たして自由に意志することになるのかどうか、と自問するようなこともあるだろう。この点については、さしあたり立ち入らないことにしたい。私たちとしては、観念連合説の見地に立ってみたときでも、行為をその諸動機によって絶対的に決定するとか、意識の諸状態が互いに絶対的に決定し合うとか主張するのは困難だということを示しただけで十分であろう。よりいっそう注意深い心理学なら、このような欺瞞的な外見の下であっても、原因に先立つ結果とか、よく知られた観念連合の法則を免れる心的牽引力の諸現象をときには明らかに示してくれることもある。――しかし、いまや、観念連合説が身を置く観点そのものが、自我についての、さらには意識の諸状態の多様性についての、欠陥のある考え方を含んでいるのではないかと問題にすべき時がきたのである。

観念連合説的決定論は自我を心的諸状態の集合として表象し、そのうちの最も強力な状態が支配的な影響力を発揮し、他の諸状態を一緒に引き連れていくと考える。したがって、この学説は共存する心的諸事実を相互にはっきりと区別する。スチュアート・ミルはこう述べている。「もし犯罪に対する私の嫌悪感とその諸結果への怖れが私を犯行に駆り立てた誘惑より弱かったとしても、私は殺人を思いとどまることができたであろう」[6]。また、少し先の方で、「善をおこないたいという彼の欲望と悪への嫌悪は……これに相反する他のすべての欲求や嫌悪に打ち勝つに足るほど強い」[7]。このように欲望、嫌悪、怖れ、誘惑という言葉は、ここでは、はっきり区別のある状態を表すものとして提示されているが、現在の事例では、これらの状態を別々の言葉で命名しても何の支障もない。これらの状態を、それらを身に受ける自我に結びつけるときでさえ、このイギリスの哲学者は、やはり截然たる区別を打ち立てることに固執している。「快楽を欲する自我と悔恨を怖れる自我とのあいだに……葛藤が生じる」[8]。アレキサンダー・ベイン氏も一つの章全体を「動機の葛藤」[9]に充てている。彼はそこで、さまざまな快楽と苦痛を、少なくとも抽象によって固有の存在を帰属させうるような多くの項として、秤にかけている。注目すべきことは、決定論の反対者たちでさえ、この領域では進んで彼に従いながら、同じく観念連合や動機の葛藤について語っていること、また、これらの哲学者たちのなかでも最も深遠な一人であるフイエ氏も、ためらうことなく、自由の観念そのものを他の動機と拮抗しうる一つの動機としていることだ[10]。——けれども、ひとはここで或る重大な混同に身を晒すことになる。それは、言語というものが内的諸状態のあらゆるニュアンスを表現するようにつくられてはいないことに由来する混同である。

例えば私は窓を開けるために立ち上がるが、立ち上がった途端に、何をするのだったか忘れて、じっと立ちつくす。——こんな簡単なことはない、と言うひともいるだろう。到達すべき目的の観念と果たすべき運動の観念とを連合しはしたものの、一方の観念が消失して、ただ運動の表象だけが残っているのだ、と。——しかし、私は座ろうとはせず、自分には何かなすべきことが残っていると漠然と感じている。したがって、私が動かないのは、ただ何となく動かないのではない。私がとっている姿勢のうちに、達成すべき行為が言わば前駆的に形成されて存在しているのだ。だから、この姿勢を保ち、なぜこの姿勢なのかを検討し、あるいはむしろこの姿勢を内的に感じさえすれば、一瞬消失した観念をそこに再び見つけることができるであろう。したがって、この観念は、素描されている運動ととられている姿勢との内的なイメージに、必ずや或る特殊な色合いを伝えていたはずであり、そしてこの色合いは、到達すべき目的が違っていれば、多分まったく違ったものになっていたはずのものなのだ。それにもかかわらず、言語はやはり、この運動とこの姿勢とを同じ仕方で表現していたことだろう。そこで、観念連合説の立場に立つ心理学者は二つの場合を区別して、運動そのものの観念に今度は新しい目的の観念が連合されたのだとでも言うだろう。あたかも、到達すべき目的の新しさそのものが、達成すべき運動がたとえ空間のなかでは同じものであったとしても、その運動の表象のニュアンスだけは変えないのだと言わんばかりに！　したがって、或る一定の姿勢の表象は、意識のなかで、到達すべきさまざまな目的と結びつくことができると言ってはならず、むしろ幾何学的には同一の姿勢が、表象される目的に応じて、当人の意識にはさまざまに違ったかたちの下で現れると言わなければならないということになるだろう。観念連合説の誤謬は、達成すべき行為の質的要素をまず取り除いておいて、そのうちの幾何学的なもの、非人格的なものだけを保存しようとした点にある。この行為の観念は、このように色褪せてしまったので、それを他の多くの行為の観念と区別するために、それに何らかの種差を連合しなければならなくなったのである。しかし、こうした連合は、私の精神そのものの働きというよりはむしろ、私の精神を研究する観念連合説の立場に立つ哲学者の所業なのである。

ばらの匂いを嗅ぐと、たちまち幼い頃の漠然とした思い出が私の記憶によみがえる。実を言うと、これらの思い出は、ばらの香りによって喚起されたのではない。私は匂いそのもののなかに、それらの思い出を嗅ぐのであって、私にとっては匂いがいま述べたことのすべてなのだ。他のひとたちはその匂いを異なったふうに感じるだろう。――それは常に同じ匂いなのだが、さまざまに異なった観念と連合されるのだ、と諸君は言うかもしれない。――諸君がそんなふうに自分を表現したいのであれば、それはそれで結構なことだが、しかし忘れないでほしい、諸君は、ばらが私たち一人一人に与えるさまざまな印象のうちから、まずそれらのもつ個人的なものを除外したのだ。つまり、諸君は、そのうちの客観的な相だけを、すなわち、ばらの匂いのうちで、共通の領域に、一言で言えば空間に属するものだけを保存したにすぎないのである。その上、こういう条件でのみ、ばらとその香りに名前を与えることもできたのだ。だとすると、私たちの個人的な諸印象を相互に区別するためには、どうしても、ばらの匂いという一般的観念に特殊な性格を付け加えざるをえなかったわけである。そこで諸君はいまになって、私たちのさまざまな印象、私たちの個人的な印象は、私たちがばらの匂いに、さまざまに異なった思い出を連合した結果、生じたのだと言うのである。しかし、諸君の語る連合なるものは、諸君にとってしか、また説明の仕方としてしか、存在しない。多くの国語に共通なアルファベットのいくつかの文字を併置することによって、特定の国語に固有なしかじかの音をどうにかこうにか模倣しようとしてはみたが、結局、いずれの文字も音そのものを合成する役に立たなかったのは、そういう次第だからである。

自由行為

私たちはこうして、併置の多様性と、融合ないし相互浸透の多様性とのあいだに先に立てた区別に立ち戻る。しかじかの感情、しかじかの観念は、たしかに意識事実の無限の多数性を含む。しかし、その多数性は、持続と呼ばれてはいるが実は空間にほかならない或る等質的環境のなかでの一種の展開によってしか、現れない。その場合、私たちは相互に外在的な諸項を知覚することになるが、これらの項はもはや意識の諸事実そのものではなく、それらの記号、あるいはもっと正確に言えば、それらを表現する言葉なのである。すでに示したように、空間のような等質的環境を概念化する能力と、一般的観念によって思考する能力とのあいだには密接な相関関係がある。だから、或る意識状態を説明し、分析しようとするや否や、この優れて個人的な意識状態は相互に外在的な非個人的諸要素に分解され、その各々が類の観念を喚起するとともに、言葉によって表現されるようになる。しかし、私たちの理性が空間の観念で武装し、また記号を創出する能力を行使しながら、これらの多様な要素を全体から引き抜くからといって、それらの要素が全体のなかに含まれていたのだということにはならない。というのは、それらは全体の内部にあって少しも空間を占めていなかったし、言葉で表現されることを求めてもいなかったからだ。それらは相互に浸透し、相互のうちに溶け合っていたのである。したがって、観念連合説は、精神のうちで起こっている具体的現象を哲学がそれに与える人為的な再構成と絶えず取り替え、こうして事実の説明と事実そのものとを混同する点で、間違っている。もっとも、こうしたことは、心のいっそう深い、またいっそう包括的な諸状態を考察するにつれて、よりはっきりと気づかれることになるだろう。

なるほど自我はその表面によって外的世界に触れている。そして、この表面は事物の刻印を保存しているのだから、自我は、併置状態だと知覚した諸項を隣接によって連合することになるだろう。観念連合説の理論が適合するのは、まさにこの種の結合、まったく単純で言わば非個人的な諸感覚の結合に対してである。しかし、このような表面の下を掘り進めるにつれて、つまり自我が自分自身に再びなるにつれて、意識の諸状態もその分、併置されることをやめて相互浸透するようになり、一緒に溶け合って、一つ一つが他のすべての状態の色に染まることになる。こうして各人は自分なりに愛したり憎んだりする流儀をもつようになり、そしてそうした愛や憎しみが各人の人格全体を反映することになるのである。ところが、言語はこれらの状態を、誰の場合でも、同じ言葉で指し示す。だから、言語が定着できたのは、愛や憎しみの、さらには心を揺さぶるような無数の感情の、客観的で非個人的な相だけなのだ。私たちが小説家の才能を判断するのは、言語がそのようにして降格させた私たちの感情や観念を公衆の領域から引き出し、多くのディテールを併置しながら、それらに元の生き生きとした個性を取り戻そうとする能力によってである。しかし、一つの運動体の二つの位置のあいだに無限に点を挿入しても、決してそれの通過した空間を埋めることができないのと同じように、私たちが話すというそのことだけで、すなわち私たちが諸観念を相互に連合するというそのことだけで、これらの観念は、相互浸透しないで、併置されてしまうことになり、結局、私たちは心が感じていることを完全に翻訳することに失敗することになる。思考は言語と通訳不可能なままにとどまるのだ。

したがって、心は共感や嫌悪とか憎悪によって、まるで重くのしかかるほどの力によってであるかのように、決定されると私たちに教える心理学は、言語に欺かれている粗雑な心理学である。これらの感情は、十分な深さに達してさえいれば、それらの一つ一つに心の全内容が反映されるという意味で、それぞれが心全体を表現するものだ。したがって、心はこれらの感情のどれか一つの影響の下に決定されると言うことは、とりもなおさず、心が自分で自分自身を決定すると認めることである。観念連合主義者は、自我を感覚、感情、観念といった意識の諸事実の集合体に還元するのである。しかし、彼がこれらの多様な状態のうちに、それらの名前が表す以上の何も見ないのだとしたら、また、それらの非個人的な相しか保持しようとしないのであれば、それらの状態を無限に併置することはできるにしても、幻影的自我、空間のなかに投影される自我の影以外のものを得ることはないだろう。もし、反対に彼が、これらの心理状態が或る特定の人物のうちに帯びているような特殊な色合い、しかも他のすべての心理状態を反映するために、それら心理状態の一つ一つに姿を見せるような特殊な色合いとともに、それらを捉えるとしたら、その場合は、その人格を再構成するために多くの意識事実を連合する必要はまったくなくなるだろう。それらのうち一つを選ぶことさえできれば、そのなかに人格全体が丸ごと存在するのである。そして、この内的状態の外的現れがまさに自由行為と呼ばれるものであろう。というのは、自我だけがその作者であったし、その外的な現れは自我全体を表現するからである。この意味で、自由は唯心論が時おりこれに与えるような絶対的性格を示すものではない。自由にはさまざまな程度があるのだ。——

というのは、すべての意識状態が、ちょうど雨滴が池の水に混じり合うように、その同類と混じり合うなどということはおよそないからである。自我は、等質的空間を知覚するかぎりでは、或る表面を示す。そして、その表面の上で、それぞれ独立に成長するものが形成され、浮遊するということも起こりうるだろう。だから、催眠状態で受けた暗示は意識事実の塊りと合体するわけではない。ただ、それは、固有の生命力を付与されていて、指示された時刻になると、人格そのものにとって代わることもあるというだけのことだ。何か偶然の事情でかき立てられた激怒とか身体組織の昏い深みから意識の表面に突如として浮かび出た遺伝的欠陥とかも、催眠術の暗示とほとんど同じように作用するだろう。これらのそれぞれ独立した諸項のほかにも、もっと複雑な諸系列も見いだされる。それらの諸要素はたしかに相互に浸透し合っているが、決して自我という緊密な塊りのうちにそれ自身完全に溶け込むには至らない。これこそ、教育とは訓練だという履き違えから私たちが受け継いだ感情と観念の全容である。この教育は判断よりもむしろ記憶に訴えるのだ。ここに、つまり根底的自我の内部そのものに、この自我を絶えず侵食していく寄生的自我が形成される。多くのひとたちはこのように生き、真の自由を知らないまま死んでいく。しかし、自我全体が暗示と同化すると、暗示は説得となるだろう。情念は、たとえ突然に生じたものであっても、例えばアルセスト〔モリエール『人間嫌い』の主人公〕の憤慨の場合のように、その人格の全歴史がそこに反映されているならば、もはや前と同じ宿命論的な性格を提示することはないだろう。また、どんなに権威主義的な教育といえども、心全体にしみ込むことのできるような観念と感情だけを私たちに伝えるのであれば、何ら私たちの自由を殺ぎはしないはずである。実際、自由な決断は心全体から出てくる。だから、行為は、それが結びつく動的系列が根底的自我と同化する傾向を増せば増すほど、それだけいっそう自由なものとなるであろう。

このように考えてみると、自由行為は、自分自身を観察し、自分のなすことについて合理的に考えるのに最も慣れているひとたちにおいてさえ、稀である。すでに示したように、私たちが自分を知覚するのはたいていは空間を通しての屈折によるし、私たちの意識状態も言葉のうちに固体化される。また、私たちの具体的自我、生き生きとした自我は、はっきりと素描され、相互に分離され、したがって固定された心理的諸事実という外殻に覆われている。これに付け加えて、言語のもつ便利さと社会関係の容易さのために、私たちとしては、この殻を突き破らず、その殻はそれが覆う対象のかたちを正確に描き出しているのだと認めるのが得策中の得策だ、と述べておいた。いま私たちが言わんとするのは、私たちの日々の行動をまさに導いているのは、絶えず動いている感情そのものよりも、それらの感情が付着する不変のイメージだということである。朝、いつも起きることになっている時刻に時が打たれると、私はその印象を、プラトンの表現を借りて言えば、心の全体と一緒に（ξυν ολη τη ψυχη）、受け取るかもしれない〔『国家』第七巻〕。その印象が私の心を占めている諸印象の混然たる塊りのなかに溶け入るままにしておくこともありうるだろう。おそらくこの場合には、その印象が私に行動することを決心させるようなことはないであろう。しかし、たいていの場合は、その印象は、池の水のなかに落ちる石のように私の意識全体を揺り動かすのではなく、その代わりにその意識の表面で言わば凝固した観念、つまりこれから起きていつもの仕事にとりかかろうという観念を動かすだけにとどまる。この印象とこの観念が遂に相互に結びついたのである。だから、行為は、私の人格の関与なしに、印象に引き続いて起こる。つまり、私はここでは意識的な自動人形なのだ。何と言っても、その方が自分の身のためだからだ。私たちの日々の行動の大部分がそのようにしておこなわれるということ、また、或る種の感覚、感情、観念が記憶のなかで固定化されるおかげで、外部からの諸印象が私たちの側に、意識的で知性的でさえありながら、多くの面で反射的行為に似た行動を引き起こすということも、これで分かるであろう。観念連合説が当てはまるのは、これらの非常に数は多いが、大部分は無意味な行動に対してなのである。これらの行動は一つに集まって私たちの自由な活動の基体となり、この活動に対して、私たちの身体機能が意識的生活に対して果たすのと同じ役割を演じる。それに、私たちは、もっと重大な状況のなかでも私たちの自由を放棄することがあり、そして私たちの人格全体が言わば身震いすべきときにも、惰性や無気力さのために、これと同じような局地的過程を起こるがままに放置することがあるという点でも、私たちは決定論に同意するであろう。最も信頼できる友人たちが口を揃えて或る重大な行為を勧めてくれるときも、彼らがあれほど熱弁を振るって吐露してくれた感情でさえ、いつしか私の自我の表面に滞留するようになり、ついさっき語った観念のような仕方で、そこに凝固するようになる。それらの感情は少しずつ厚い殻を形成し、私たちの個人的感情を覆うようになるだろう。私たちは自由に行動していると思っている。だが、もっと後になって反省してみさえすれば、自分の間違いを認めることであろう。とはいえ、行為が完遂されようとするその瞬間に、一つの反抗が生まれることも稀ではない。

表面に浮かび出るのは奥底の自我である。抗しがたい圧力に負けて、その外殻は破裂する。してみれば、自我の深みでは、またきわめて理路整然と並べられた議論の下では、感情と観念が煮えたぎり、それゆえに両者のあいだの緊張も次第に高まりつつあったのである。それらはもちろん意識されていなかったわけではないが、とりたてて注意されることもなかったものだ。が、このことをよく反省しながら、私たちの記憶を注意深く取り集めてみると、私たち自身がこれらの観念を形成し、私たち自身がそれらの感情を生きていたのに、意志することへの或る説明しがたい嫌悪によって、私たちは、それらの観念や感情が表面に浮かび上がるその都度、それらを私たちの存在の昏い深みのなかへ押し戻してしまったのだということが分かるだろう。それだから、私たちの突然の翻意をそれに先立つ外面的な事情によって説明しようと努めても、無駄である。私たちはいかなる理由で決意したかを切に知りたいのだが、私たちが見いだすのは、私たちが理由もなく、ひょっとするとあらゆる理由に逆らって、決意したのだということである。しかし、或る種の場合には、まさにそこに最上の理由がある。というのは、果たされた行動は、その場合、もはや私たちにほとんど外的な、判明で表現しやすい皮相な観念を表しはしないからだ。つまり、それは、私たちの最も内密な感情、思想、渇望の全体に、私たちの過去のあらゆる経験の等価物たる人生についての特殊な考え方に、要するに、幸福と名誉についての私たちの個人的な観念に呼応しているからである。だから、人間が動機なしに選択できることを証明するために、人生のありふれた、どちらでもよいような状況のうちにその例証を探しにいったのは、間違いであった。こうした無意味な行動が何らかの決定因的な動機に結びついていることを示すのは、造作ないことであろう。一般に動機と呼び慣らわされているものに反して私たちが選択することがあるのは、由々しい状況にあって、私たちが他人に対して、とりわけ自分自身に対して与える意見が問題になるときである。そして、このように明白な理由が一切ないという事態は、私たちがより深く自由であればあるだけ、いっそう際立って目につくようになるのだ。

しかし、決定論者は、深刻な情動や心の深い状態を力として立てるのを差し控えているときでさえ、それにもかかわらずそれらを相互に区別し、こうして自我についての機械論的な考え方に到達する。彼はこの自我を、二つの相反する感情のあいだでためらい、一方から他方へ移って、最後にそれらのうちの一つを選ぶものとして示す。こうして自我と自我を動かす感情とは、選択の操作がおこなわれる間じゅうずっと、それら自身と同じものであり続けるような、はっきりと限定された事物と同格に扱われることになる。しかし、もし千思万考して迷っているのが常に同一の自我であるとすれば、また自我を動かす二つの相反する感情が等身大のまま変化しないのだとすれば、決定論者が引き合いに出す因果性の原理そのものからして、どうやって自我は決意できるのであろうか。本当のところを言うと、自我は、第一の感情を体験したというそのことだけで、第二の感情がそれに引き続いて起こるときには、すでにいくぶんか変化してしまっているのだ。つまり、千思万考しているすべての瞬間において、自我は自分を変様し、したがって自我を動かす二つの感情をも変様しているのである。こうして相互に浸透し合い、強化し合うような諸状態の動的な一系列が形成され、自然な進行によって自由行為へ至るようになるだろう。しかし、決定論者は、記号的表現への漠然とした欲求に従って、自我そのものをも、自我を分かちもっている相反する感情をも、言葉によって示そうとする。そして、それをはっきり規定された言葉のかたちで結晶させることによって、彼は前もって、あらゆる種類の生き生きとした活動性を、まず人間から、次に人間を動かす諸感情から取り除いておくのである。そのとき彼は、一方にいつも自分自身と同一的な自我を、他方に自我に劣らず不変的で、しかも自我を我がものにしようと争っている相反する感情を、見てとることであろう。勝利は当然、より強い方の感情の手に帰することになろう。しかし、あらかじめ人々が陥るべく運命づけられているこの機械論は、記号的表象という以外の価値をもつものではない。それは、内的な力動性を事実として私たちに示す注意深い意識の証言に対して、抵抗することはできないであろう。

要するに、私たちの行為が私たちの人格全体から出てくるとき、行為が全人格を表現するとき、行為が作品と芸術家とのあいだに時おり見られるような定義しがたい類似性を全人格とのあいだにもつとき、私たちは自由である。その場合、私たちは自分の性格の全能的な影響に屈しているのだと強弁しても、無駄であろう。私たちの性格もやはり私たちなのだ。また、好んで人格を二分し、抽象の努力によって、感じたり考えたりする自我と行動する自我とを順番に考察したとしても、だからといって、二つの自我のうちの一つが他を圧すると結論づけるのはいささか子供じみていよう。同じ非難は、私たちが自分の性格を自由に変えられるかどうか問う人々にも向けられよう。たしかに、私たちの性格は毎日、それと気づかれないほど、変わっているし、もしこれらの新しい獲得物が私たちの自我に接ぎ木されにくるだけで、その自我のうちで融け合うことがないとすれば、私たちの自由はこれに悩まされることになるだろう。しかし、この融合が起こるや、私たちの性格のうちに起こった変化はまさに私たちのものであり、私たちはそれを我がものにしたのだと言うべきであろう。一言で言えば、もし自我から、そして自我のみから発出するすべての行為を自由と呼ぶのが適切だとすれば、私たちの人格の刻印を帯びた行為は、真に自由である。というのは、私たちの自我だけがその父権を請求しうるだろうからである。こうして自由の命題は、この自由を、下された決断の或る種の性格のうちにのみ、一言で言えば、自由行為のうちにのみ、求めることに同意するならば、その正しさが立証されることになろう。しかし、決定論者は、こういう立場が彼の理解を越えていることをはっきり感じ取っているので、過去なり未来なりのうちへ逃避してしまう。或る場合には、彼は思考によって以前の或る時期へ身を移し、まさにその瞬間に未来の行為が必然的に決定されていると断定する。また或る場合には、あらかじめ行動がなされたものと仮定し、その行動がそれ以外の仕方ではおこなわれえなかったと主張する。決定論の反対者たちも、この新しい問題領域で決定論者に追随していって、自分たちの自由の定義のなかに——おそらくは何がしかの危険は感じながらも——、これからなしうることの予見と、選ぶこともできたはずの何か他の決断の記憶とを導入するのをためらわない。したがって、この新しい観点に身を置いて、外的影響や言語の先入見を除去した上で、まったく純粋な意識が未来や過去の行動について教えることを探し求めるのがよいだろう。このようにすれば、私たちは決定論の根本的な誤謬とその反対者たちの錯覚とを、別の側から、またそれらが明らかに持続についての或る種の考え方に基づいているかぎりで、捉えることになろう。

スチュアート・ミルはこう述べている。「自由意志の意識をもつことは、選択してしまう前に、別様に選択することもできたという意識をもつことを意味する」[11]。実際、自由の擁護者たちはまさにそのように自由を解している。そして彼らは、或る行動を自由に成し遂げるときには、何か別の行動も等しく可能だったはずだと断定する。この点に関して、彼らは、行為そのもののほかに、反対の決心も選ぶ能力が私たちにはあると自覚させる意識の証言を引き合いに出す。逆に、決定論の方は、いくつかの先行条件が与えられると、結果として生じる行動は、ただ一つだけ可能だと主張する。スチュアート・ミルはこう続ける。「私たちが自分でおこなったのと別様に行動したものと仮定するとき、私たちはいつでも、先行する諸条件のうちに或る相違を仮定している。私たちは実際には知らなかった何かを知っていたかのような振りをし、実際には知っていた何かを知らなかったかのような振りをしている、云々」[12]。そして、このイギリスの哲学者は、自分の原理に忠実に、意識の役割を、ありうることについてではなく、現にあることについて私たちに教えることにある、とした。――この最後の点については、さしあたり立ち入らないことにしよう。いかなる意味で自我は自分を決定因として知覚するか、という問題は保留することにしよう。しかし、この心理学的次元での問題のほかに、もう一つ別の、むしろ形而上学的な本性をもつ問題がある。それは、決定論者たちもその反対者たちも、反対の方向に先験的に(a priori)解決している問題である。前者の議論は、実際、与えられた先行諸条件に対応するのは、ただ一つの行為が可能なだけである、ということを含意している。自由意志の擁護者たちは、反対に、同一の系列が、等しく可能ないくつもの異なった行為に達しえたはずだと仮定している。私たちが最初に立ち止まろうと思っているのは、相反する二つの行動ないし二つの意志の等しい可能性という問題である。おそらくこのようにして、私たちは意志の選択作用の性質について、何らかの示唆を得ることになるだろう。

真の持続と偶然性

私が可能な二つの行動ＸとＹとのあいだでためらって、一方から他方へかわるがわる移るとする。このことは、私が一連の諸状態を通過し、そしてこれらの諸状態が、私が

Xの方へいっそう傾くか、あるいは反対の側に傾くかに応じて、二つのグループに分けることができるということを意味する。ところで、これらの対立する性向だけが現実的に存在するのであって、XだとかYだとかは、持続の継起的な諸瞬間における私の人格の二つの異なった傾向を、言わばその到達点において私が表象するための二つの記号である。そこで、XとYでこれらの傾向そのものを指示することにしよう。さて、私たちの新しい表示法は具体的現実のよりいっそう忠実なイメージを示すものであろうか。すでに述べたように、自我は、相反する二つの状態を通過するにつれて、大きくなり、豊かになり、変化することに注意しなければならない。さもなければ、どうやって自我は決心できるであろうか。したがって、正確に言えば、対立する二つの状態が存在するのではなく、まさに多くの継起的で異なった諸状態が存在するのであり、そのなかで私は想像の努力によって、相対立する二つの方向を見分けているのである。とすると、これらの傾向や状態は絶えず変化するのだから、不変の記号XとYでこれらの傾向や状態そのものを指示するのではなく、私たちの想像力がそれらに割り当てる二つの異なった方向を指示するように決めて、言語の最大の便宜を図った方が、私たちとしては、よりいっそう現実へと近づくことになるであろう。とはいえ、それはただの記号的表象であって、現実に存在するのは、二つの傾向でも二つの方向でもなく、まさに生きた自我であるということは、もちろんのことだ。その自我はためらいそのものを生き抜き、その結果として自由行為が、熟しきった果実のように、そこから出てくるまで自己を繰り拡げるのである。

しかし、意志的活動をこのように考えることは、常識を満足させない。なぜなら、常識というものは、本質的に機械論的なもので、截然たる区別、つまりはっきり規定された言葉とか空間内のさまざまに異なった位置とかによって表現される区別、を好むものだからだ。したがって、常識の表象を図示して言えば、自我は、意識の諸事実の一系列MOを通過し、O点に達した後で、等しく開いているXとYという二つの方向に直面しているる自分をそれと認めるということになろうか。これらの方向はこうして物になる。つまり、意識の本道が到達するはずの真の途になる。そして、そこではどちらに踏み出すのも自我次第だということになろう。要するに、私たちがただ抽象によって、相対立した二つの方向をそこに識別した自我の連続的で生き生きした活動に、これらの方向そのものがとって代わったのだ。自我の活動は、単に私たちに選ばれるのを待っているだけの、惰性的で無差別的な物に変形されてしまったのである。しかし、その場合でも、

自我の活動性をどこかに移さなくてはならない。そこでそれがO点に置かれることになる。Oにまで到達し、正念場を迎えた自我は、あれこれためらい、とくと考え、そして最終的には二つのうちの一つを選ぶというわけである。意識的活動の二重の方向を、その活動の連続的発展のすべての局面において、思い浮かべるのが困難だったので、それら二つの傾向を別々に結晶させ、また自我の活動性をもそれらとは別個に結晶させてしまったのだ。こうして、惰性的で、言わば固定化された二つの方針のあいだでためらうような、つまりその活動がどっちつかずの自我が得られる。ところで、自我がOXを選んでも、線分OYは相変わらず存続するであろう。OYの方に決めたとしても、OXの途は、必要に応じて、自我が自分を活用しに戻ってくるのを待ちながら、開かれたまま残り続けるであろう。自由行為について語る際に、反対の行動も等しく可能だと言われるのは、この意味においてである。そして、たとえ紙の上に幾何学的図形を描かなくても、自由行為のうちに

いくつかの継起的諸局面を、つまり相対立する動機の表象やためらいや選択を区別する――そうやって幾何学的記号化を一種の言語的結晶作用の下に隠すわけだが――からには、非意志的に、ほとんど無意識のうちに、そうした図形のことを考えているのである。ところで、自由についてのこうした真に機械論的な考え方が、自然な論理からして、最も頑固な決定論に到達することは、容易に察しがつくであろう。

私たちが抽象によって相反する二つの傾向をそこに識別した自我の生き生きした活動性は、実際に、XかYに到達して終わる。ところで、自我の二重の活動性をO点に局在化することに決めたからといって、この活動性を、これがやがて到達し、これと一体をなす行為から引き離す理由は何もない。そして、Xに決めたということを経験が示したのだとすれば、O点に置かれるべきものはどっちつかずの活動性ではなく、外見的にはためらっているように見えたにせよ、まさしく前もってOXの方向に向いていた活動性なのである。反対に、もしYを選んだということを観察が証示したのだとすれば、それは、O点に局在化された活動性が、第一のXの方向にいくぶんかは揺れ動いたにもかかわらず、どちらかといえば第二のYの方向にひいき目に作用したからである。こうしてみると、O点に到達した自我がXとYとのあいだで無差別に選択すると言明することは、幾何学的記号化の道の途中で立ち止まることであり、たしかにそこには二つの異なる方向が識別されたが、しかし、その上さらに、XかYかへ到達した連続的活動性の一部だけをO点に結晶させることなのだ。では、どうしてこの最後の事実を、他の二つの事実と同じように、考慮に入れないのか？ なぜその事実にもまた、私たちがいました描いた記号的図形のなかに、その場所を割り当ててやらないのか？ しかし、点Oに達したとき、自我がすでに一つの方向に決定されているとすると、いくらもう一つの途が開かれたままであっても無駄であって、自我はそれを採択することはできないであろう。そこで、果たされた行動の偶然性を基礎づける根拠として主張された粗雑な同じ記号主義が、おのずと延長されて、ついにその行動の絶対的必然性を打ち立てるに至るわけである。

要するに、自由の擁護者も反対者も、二つの点XとYとのあいだの一種の機械論的動揺が行動に先立つとする点では、意見が一致している。もし私がXを選ぶと、擁護者たちは私にこう言うだろう。君はためらい、熟考した。だからYが可能だった、と。反対者たちはこう応じるだろう。君はXを選んだ、だから君にはそうする何らかの理由があったのであって、ひとがYも等しく可能だったと言うとき、そのひとはその理由を忘れている。彼は問題の条件の一つを傍らに放置しているのだ、と。――いま、これらの相対立する解決の下まで掘り下げてみると、一つの共通な要請が見いだされるであろう。つまり、両者とも行動Xがすでに完遂された後に身を置いて、私の意志的活動の過程を点Oで分岐するMOという道で表し、線分OXとOYは、Xをその終点とする連続的活動のなかに抽象によって区別される二つの方向を記号化するものだと考えているのである。しかし、決定論者たちが自分の知っているすべてを斟酌し、MOXという道が通過されたと認証するのに対して、その反対者たちは、この図をつくったときに用いた所与の一つを知らないふりをして、　緒にされて自我の活動の進行を表すはずの線分OXとOYとを引いた後で、自我をO点にまで立ち戻らせ、新しい命令があるまでそこに揺れ惑わせておくのである。

実際、空間における私たちの心的活動の紛れもない二重化であるこの図は、純粋に記号的であり、またそのようなものとしては、熟考を尽くして決意がなされたという仮定に立たないかぎり、つくることはできないことを忘れてはならない。いくら前もって図を描いたとしても、無駄であろう。なぜかといえば、そのとき、諸君は自分が終点に到達したと仮定し、想像によって最終的な行為に立ち会っているからである。要するに、こうした図が私に示すのは、なされつつある行動ではなく、なされた行動である。したがって、MOという道を通過し、Xだと決心した自我がYを選ぶことができたか、できなかったかと問わないでほしい。実際には線分MOも点Oも、OXという道もOYという方向も存在しないのだから、私としては、そういう問いには意味がないと答えるほかはないであろう。そういう問いを立てること自体、時間を空間によって、継起を同時性によって十全に表象できるという可能性を容認することになる。それは描かれた図形に、もはや単に記号としての価値だけでなく、イメージとしての価値を付与することだ。それは、軍隊の進軍を地図の上にたどるように、心的活動の過程を図形の上にたどることができると信じ込むことなのだ。ひとは自我の思案にそのあらゆる局面で立ち会い、ついに行為が完了する地点まで来た。その時にひとは、系列の諸項を思い返して、継起を同時性のかたちの下に知覚し、時間を空間のなかに投影し、そして意識的にか無意識的にか、この幾何学的図形に基づいて推論する。しかし、この図形は物を表示するのであって、進行を表示するのではないのである。それは、その惰性という点で、熟考全体と、最後になされた決断との言わば凝結した思い出に対応している。どうしてそれが私たちに、熟考を行為へと立ち至らせた具体的運動、動的過程についてわずかでも示唆を与えることができようか。けれども、ひとたび図形がつくられると、ひとは想像によって過去へ溯り、私たちの心的活動がまさに図形に描かれた道をたどったのだと思いたがる。こうしてひとは、前に指摘しておいた錯覚に舞い戻ることになる。ひとは事実を機械論的に説明し、この説明を事実そのものと取り替えるのである。したがって、ひとは最初の一歩から説明しがたい難問にぶつかる。もし二つの部分が道として等しく可能であったのなら、どういうふうにして選んだのか。そのうちの一つだけが可能だったとしたら、なぜ自分が自由だと思えるのか。――しかも、ひとはこの二重の問いがいつでも次の問いに、すなわち時間は空間の一部なのかという問いに帰着するのだということが分からないのである。

地図の上に描かれた道を眼でたどる場合、逆戻りして、来た道があちこちで分岐していないか探してみても、何の支障もない。しかし、時間は通過されてしまうような線分ではないのである。たしかに、ひとたび時間が流れてしまえば、その継起的諸瞬間を相互外在的なものとして思い浮かべ、こうして空間を横切る線のことを考えても、それは私たちの勝手である。しかし、この線が流れる時間をではなく、流れた時間を記号化していることは、依然として明らかであろう。そのことこそ、自由意志の擁護者と反対者が等しく忘れていることである。前者は、実際になされたのとは別様に行動する可能性を肯定するとき、後者はその可能性を否定するとき、忘れているのだ。前者はこう推論する。「道はまだ描かれていない。だから、どんな方向でもとることができる」。これに対しては、このように答えよう。「道について語りうるのは、ひとたび行動が遂行されたときだけだということを君は忘れている。だが、その時になれば、道はもう描かれてしまっているだろう」。――後者はこう言う。「道はこのように描かれてしまっている。だから、その可能な方向はどんな方向でもよいというわけではなく、まさにこの方向そのものだったのだ」。これに対しては、こう返答しよう。「道が描かれる前は、可能な方向も不可能な方向もなかった。理由は単純であって、道がまだ問題になっていなかったからだ」。――記号主義の観念が知らぬ間に諸君に取り憑いているわけだが、この粗雑な記号主義を除去することにしよう。そうすれば、決定論者たちの議論が次のような幼稚なかたちをとっていることが分かるだろう。「行為は、ひとたびなされるや、なされている」。また、その反対者たちの答えは、「行為は、なされる前は、まだ行為ではなかった」というものである。換言すれば、自由の問題はこの議論では手つかずのままなのだ。このことは造作なく理解される。というのは、自由を求めるべきは、行動そのものの或るニュアンスないし質のうちにであって、この行為とこの行為がそうでないものとの関係、もしくはそれがありえたかも知れないものとの関係のうちにではないからである。あらゆる不明瞭さは、両者とも、熟考ということを空間のなかでの動揺というかたちで表象していることからくる。ところが、実は熟考は、〈自我と諸動機そのものとが、真の生物のように、連続的生成のうちにあるような動的な進行〉から成り立っているのである。自我は、その直接的確証において間違いなく自分を自由だと感じ、またそう言明する。しかし、自我が自分の自由を自分に説明しようとするや否や、自我はもはや、空間を通しての一種の屈折によってしか、自分を捉えなくなる。そこから出てくるのが機械論的性質をもった記号主義であって、これは自由意志の命題を証明するにも、理解させるにも、反駁するにも、等しく不適切なものなのである。

真の持続と予見

しかし、決定論者は打ち負かされたとは思わず、問題を新しい形式で立てて、こう言うであろう。「すでになされた行動のことは傍らに放っておいて、これからなされる行為のことだけを考察することにしよう。問題は、何らかの高次の知性なら、今日ただいまから未来のすべての先行条件を知ることによって、そこから出てくる決定を、絶対的な確実性をもって予言できるかどうかということである」。——問題をこのような言葉で立てることには、私たちとしても喜んで同意しよう。そうすれば、機を捉えて私たちの考えをいっそう厳密に述べることもできるであろう。けれどもまず、先行条件を知ればおおよその結論を述べられそうだと考える人々と、誤ることのない予見を口にする人々とを区別しておこう。或る友人が、或る事情のなかで、或る仕方で行動することは大いにありそうだと言うことは、その友人の未来の行為を予言するというよりも、むしろ彼の現在の性格、つまりは彼の過去について判断を下すことである。私たちの感情、観念、一言で言えば私たちの性格が絶えず変わりつつあるとしても、突然の変化が認められるのは稀であるが、また或る知人について、或る行動は彼の本性に十分適っているように見えるが、他の或る行動は絶対にそれと相容れないと言いうることは、よりいっそう稀である。すべての哲学者はこの点については意見が一致するであろう。というのは、それは未来を現在に結びつけることではなく、特定の行為と知人の現在の性格とのあいだに適合ないし不適合の関係を立てるにすぎないからである。しかし、決定論者はさらにずっと先までいく。彼はこう断言する。決意の偶然性は私たちが問題のすべての条件を決して知らないということに基づく。予見の蓋然性は、私たちに与えられる、それらの条件の数が増大するにつれて、それだけ増加する。最後に、いかなる例外もなく、すべての先行条件が完全かつ十分に認識されれば、予見は誤ることなく真なるものになるだろう、と。以上のようなものが、したがって、検討すべき仮説である。

考えを確定的に整理するために、或る人物を想像してみよう。彼は重大な諸状況のなかで或る決心をするために呼び出されることになるが、想定上、それは明らかに自由な決心でなければならない。この人物をピエールと名付けることにしよう。問題は、ピエールと同時代に、あるいはお望みなら数世紀前ということでもよいが、生きている或る哲学者ポールが、ピエールの行動する条件をすべて知った場合、ピエールがなした選択を確実に予言できただろうか、ということである。

或る一定の瞬間の或る人物の状態を思い浮かべるには、いくつかの仕方がある。例えば小説を読むとき、私たちはそうしようとする。しかし、その作者がいかに念入りに主人公の感情を描き、さらにその経歴まで再構成したとしても、その小説の結末は、予見されていたにせよ、あるいは予見されていなかったにせよ、私たちがその人物について抱いていたイメージに何かを付け加えることになるだろう。してみると、私たちはこの人物を不完全にしか知らなかったわけである。実を言えば、私たちの心の深い状態、自由行為によって翻訳される諸状態は、私たちの過去の経歴の全体を表現し、要約している。もしポールがピエールの行動するすべての条件を知っているとすれば、彼はピエールの生活のどんな細部も逃がさないだろうし、また彼の想像力がピエールの経歴を再構成し、生き直すことさえ、大いにありそうなことである。しかし、ここで一つの重要な区別をしなければならない。私が自分自身で或る心理状態を経験するとき、私はこの状態の強さとそれが他の諸状態に対してもつ重要さを正確に知っている。それは私が計測したり比較したりするからではなく、例えば或る感情の深さはその感情そのものにほかならないからである。これに反し、私がこの心理状態を諸君に説明しようとすれば、私はその強さを、鮮明で数学的性質をもつ記号によるのでなければ、諸君に理解させることはできないであろう。そのためには、その重要さを測り、それに先立つものやそれに引き続くものと比較し、最後に、終極の行為においてこの状態に帰属する持ち分を決定しなければならないだろう。そして私は、終極の行為がこの状態によって説明されるか、それともその状態がなくても説明されるかに応じて、この状態の強さや重要さがより大きいとか、より小さいと表明するであろう。反対に、この内的状態を知覚する意識にとっては、この種の比較は少しも必要ではない。強さは言葉で表現できないこの状態そのものの質として意識に現れていたからである。換言すれば、意識状態の強さは、その状態に伴い、代数的指数のようにその力を決定する特殊な記号として意識に与えられているのではない。前に示したように、強さはむしろ、その状態のニュアンスを、その固有の色合いを表すのであって、例えば感情について言えば、その強さは感じられるということに存するのである。だとすると、他人の意識状態を同化するのに二つの仕方を区別しなければならないだろう。一つは動的な仕方で、それらの状態を自分で体験することである。他は静的な仕方で、これらの状態の意識そのものを、それらのイメージに、あるいはむしろそれらの知的記号、それらの観念に取り替えることである。そうすると、それらの状態は再現されず、想像されることになろう。ただ、この場合には、心的状態のイメージにそれらの強さの指示を付加しなければなるまい。というのは、それらの状態はそれらがイメージとなって見えてくるひとにはもはや作用しないし、またそのひとの方も、それらを感じ取ることでそれらの力を体験するという機会をもはやもたないからである。しかし、この指示そのものは必ず量的性格をとるだろう。例えば、或る感情は他の感情よりいっそう多くの力をもつとか、それの方をもっと多く考慮すべきだとか、それは他よりも大きな役割を果たしたとかが確証されることだろう。だが、もし問題になっている当人のその後の経歴や、このように多くの状態や性向が結果として生んだ行為を前もって知っていたのでなければ、どうしてそのようなことを知りうるであろうか。だとすれば、ポールがピエールの状態を彼の経歴のどの瞬間においても十全に思い浮かべるためには、次の二つのうちの一つでなければならないだろう。すなわち、ポールは、自分の作中人物をどこに導くかを知っている小説家にも似て、ピエールの終極の行為をすでに知っているので、こうしてピエールが体験しようとしている継起的諸状態のイメージに、それらが彼の経歴全体に対してもつ価値の指示を付け加えることができるか、――それとも、ポールはそうすることは諦めて、これらの多様な状態を、もはや想像においてではなく、現実において、自分自身で体験しようとするか、である。この仮定の第一のものは退けられなければならない。というのも、問題はまさに、先行条件だけが与えられているときに、ポールは終極の行為を予見できるかを知ることなのだからである。したがってここで、私たちはポールについてつくりあげていた観念を根本的に変えざるをえない。ポールは、初め考えられていたように、その視線が未来まで延びている観客ではなく、ピエールの役割を前もって演ずる役者なのである。それに、この役のどんな細部もポールから免除するわけにはいかないことに注意してもらいたい。というのは、どんなに平凡な出来事でさえ一つの生涯のなかではそれぞれ重要さをもつのであり、それに、それが重要さをもたないと仮定してみても、それを無意味だと判断できるのは終極の行為との関係によってであるが、それは、仮定によって、与えられていないのである。また、諸君にはポールがピエールに先立って経験しようとする意識の多様な状態を――たとえ一秒たりとも――短縮する権利もない。というのは、例えば同じ感情の諸効果は、持続のあらゆる瞬間において、加わり合い強め合うもので、これらの効果の総和が一挙に体験されうるのは、その感情が終極の行為との関連で総体的に捉えられ、その重要さが知られる場合だけなのだが、終極の行為はまさに暗闇のなかにとどまっているからである。しかし、もしピエールとポールが同じ順序で同じ感情を体験するとしたら、彼ら二人の心が同じ経歴をもつとしたら、いったいどうやってそれらを相互に区別できるだろうか。それらが宿る身体によってであろうか。その場合、二つの心は、その経歴のいかなる瞬間においても、同じ身体を思い浮かべることはないわけだろうから、絶えずどこかで相異なることになるだろう。それらが持続のなかで占める位置によってであろうか。その場合、それらはもはや同じ出来事に立ち合うことはないであろう。しかるに、仮定によれば、それらは同じ過去と同じ現在をもち、したがって同じ経験をするはずなのだ。——いまや諸君はこの点について態度を決めなくてはならない。つまり、ピエールとポールは唯一無比の同一人なのであって、その人が行動するときには、諸君はこれをピエールと呼び、諸君がその人の経歴を要約するときには、これをポールと呼んでいるだけのことなのだ。諸君が、いったん知られると、ピエールの未来の行動を予言することを可能にしたはずの諸条件の総和を、よりいっそう完全なものに仕上げていくにつれて、諸君はますますこの人物の存在に接近し、その瑣末な細部までひたすら再体験しようとする。こうして結局、諸君は、行動が実際におこなわれつつある以上、もはやそれを予見することではなく、ただ行動することだけが問題になりうる、ちょうどその瞬間に到着するわけである。ここでも、意志そのものから出てくる行為の再構成の試みはすべて、なされた事実のただの確認に導かれることになるのである。

したがって、行為の先行条件の全部が完全に与えられている場合、その行為は予見されうるか、それとも予見されえないかといった類の問いは、意味のない問いである。というのは、それらの先行条件を同化するには、二つの仕方があり、一方は動的な仕方で、他方は静的な仕方であるが、いずれも的外れに終わるからである。前者の場合、それとは気づかれない移行によって、問題になっている人物と合致し、同じ系列の状態を通って、こうして行為がなされる当の瞬間に結局は立ち至らざるをえなくなり、したがってもはや行為を予見することなぞ問題になりえなくなるだろう。後者の場合、諸状態の指示のほかに、それらの重要さの量的評価を表示するという、ただそのことだけで終極の行為が予想されている。ここでも、一方のひとたちは結局、行為はなされようとする瞬間にはまだなされていないとただ確認しているだけであり、他方のひとたちも結局、ひとたびなされたからには決定的になされたのだと確認しているだけのことである。自由の問題は、前の論争の場合と同様、この論争からも手つかずのまま残る。

この二重の議論をさらに立ち入って検討してみると、その議論の根元に、反省的意識についての二つの基本的錯覚が見いだされるであろう。第一の錯覚は、強さのなかに心理状態の数学的特性を見て、この論文の冒頭に述べたように、特別な質、つまりそれら多様な状態に固有なニュアンスを見ないことに存する。第二の錯覚は、意識が知覚する具体的現実、動的進行を、終点に達したこの進行の物質的記号に、つまりその先行条件の総和と結合された既成事実の物質的記号に取り替えることに存する。たしかに、ひとたび終極の行為が完了すると、私はすべての先行条件にそれら固有の価値を割り当て、これらのさまざまな要素の結合作用を、諸力の葛藤ないし合成というかたちで思い描くことができる。しかし、先行する諸条件ならびにそれらの価値を知っているのに、終極の行為を予言できるかどうかを問うのは、悪しき循環を犯すことである。それは、先行条件の価値とともに、予見すべき終極の行為をも自分に与えてしまっていることを、忘れることだ。果たされた操作を表象するのに用いられる記号的イメージが、あたかも自動記憶装置の上に描かれるかのように、その操作の進行する過程でその操作そのものによって描かれたのだと仮定するのは、誤りなのである。

それに、これら二つの錯覚は、今度は両方ともだが、第三の錯覚を含んでいて、行為は予見できるか、できないかという先に立てられた問題も、時間は空間に属するのかという問題に常に帰着するということが見てとれるであろう。諸君はピエールの心のなかで相ついで起こる意識の諸状態を観念的空間のなかに併置することから始め、この人物の生涯を、運動体Mが空間のなかに描く軌道MOXYというかたちで捉える。その際、諸君は思考によってこの曲線の部分OXYを抹消し、そしてMOを知っていたら、運動体がO点を出発して描く曲線OXを前もって決定できるかと問う。それこそ、実は、ピエールに先がけて、ピエールの行動する諸条件を想像のなかで表象する任務を負った

哲学者ポールをもち出したときに、諸君が立てていた問題なのである。諸君はこうしてそれらの条件を物質化した。諸君は来るべき時間を平面のうちにすでに描かれた道に、つまり通ったこともないのに、また決して通る必要もないのに、山の高みから見下ろすことのできる道に変えてしまったのだ。しかし、間もなく諸君は、曲線の部分MOの知識は、この線の諸点の位置が単に相互関係においてだけでなく、MOXYの線全体の諸点との関係においても、指示されるのでなければ、不十分だということに気づいた。このことは結局、決定すべき諸点そのものを前もって自分に与えていることになる。そこで諸君は仮定を変更した。諸君は、時間が求めているのは見られることではなく、生きられることだということを理解し、そのことからこう結論したのだ。線MOについての知識が十分な所与とならないのは、MOの線を外側から眺めるだけにとどまって、単にMOだけではなく、曲線全体をも描き出す点Mと溶け合って、こうしてその運動を内側から生きようとしないからだ、と。したがって、諸君はポールをピエールと

合致させざるをえなくなった。そうなると当然、ポールが空間のうちに描いたのは、線MOXYなのである。なぜなら、仮定によって、ピエールがこの線を描くことになっているからである。しかし、そういうわけで、諸君はもはやポールがピエールの行動を予見したことを証明しているのではなく、ただ、〈ピエールは、ピエール当人が実際に行動した通りに、行動した〉と確認しているだけである。というのも、ポールはピエールになっているからだ。もっとも諸君はその後で、それと気づかずに、最初の仮定に舞い戻る。なぜなら、諸君は、描かれつつある線MOXYと、すでに描かれてしまった線MOXYとを絶えず混同するからである。諸君は、自分の都合のいいようにポールとピエールとを同一化した後に、ポールに元の観察者の地位を取り戻させる。そのときポールは完成した線MOXYに気づくことになるが、彼がこの線を完成したばかりなのだから、これは驚くべきことではない。

こうした混同が当然なものとなり、避けがたいものにさえなっているのは、科学が未来の予見について異論の余地のない諸例を提供しているように見えるからである。天体の会合や日蝕や月蝕、そして大多数の天文現象は前もって決定されていないだろうか。

その際、人間の知性は思う存分、現在の瞬間のうちに、未来の持続の大きい部分を包括するのではないだろうか。――私たちもそのことを認めるのに吝かではない。しかし、この種の予見は意志的行為の予見とはいささかも似ていない。それどころか、これから見るように、天文現象の予言を可能にするその理由はまさに、自由な活動に発する事実を私たちが前もって決定するのを妨げる理由と同じものなのだ。それは、物質的宇宙の未来は、意識的存在の未来と時を同じくするとはいえ、それとは何の類似性ももたないからである。

この主要な違いを明示するために、しばらく、デカルトの邪霊よりもさらにいっそう強力な邪霊が宇宙のあらゆる運動に二倍速く進むように命じたと仮定してみよう。天文現象には、あるいは少なくとも私たちがそれらの現象を予見するのを可能にする方程式には、何の変化も生じないであろう。というのは、これらの方程式のなかでは、tという記号は、一つの持続を示すのではなく、二つの持続のあいだの関係、時間の一定数の単位、あるいは結局、一定数の同時性を示すからである。これらの同時性、これらの同時生起はやはり以前と等しい数だけ起こるわけで、ただこれらを分かつ間隔だけが減少したはずだが、しかしこれらの間隔は計算のなかには入ってこないのである。ところで、これらの間隔こそまさに生きられた持続、意識が知覚する持続である。だから、もし日の出と日の入りとのあいだで私たちのもつ持続が減少するとしたら、意識は日の短くなったことをすぐにも私たちに知らせるだろう。もちろん意識はその減少を測るわけではないし、おそらくそれを、直ちに量の変化という相の下に捉えるわけでもないだろう。けれども意識は、何らかのかたちで、その存在の普段の豊饒さが低下したこと、日の出と日の入りとのあいだでその存在がいつも実現してきた進行に変化が起きたことを確認するはずである。

ところで、天文学者が例えば月蝕を予言するとき、彼は私たちが先に邪霊に付与した力を彼の流儀で行使しているにすぎない。彼は時間に十倍、百倍、千倍速く進むように命じるが、彼にはそうする権利がある。というのは、彼がこうして変えるのは、意識的諸間隔の性質だけであって、これらの間隔は仮定によって計算のなかに入らないからである。この故に、彼は数秒の心理的持続のうちに、数年の、否、数世紀にまでわたる天文学的時間を収容させることができるのである。彼が天体の軌道を前もって描いたり、或る方程式でそれを表すときに没頭している操作とは、以上のようなものだ。実を言えば、天文学者は或る天体と他の特定の天体とのあいだの一連の位置関係、一連の同時性と照応性、一連の数的関係を確立するだけにとどめている。本来の意味での持続はと言えば、それは計算の外にとどまり、そしてただ単にこれらの継起的同時性にじかに立ち合うだけでなく、その諸間隔をじかに生きることもできる生身の意識によってしか知覚されることはないであろう。この意識は相当にスローペースな生き方もできるので、天体の軌道全体を唯一つの統覚のうちに包括できるとさえ考えられる。ちょうど流星の継起的な諸位置が火の線の形で描かれるのを見るとき、私たち自身の身の上に起こるように。そのとき、この意識は天文学者が想像で身を置いているのと同じ状態のなかに現実に居合わせていることになろう。意識は天文学者が未来のなかに間接的に知覚するものを現在のなかに直接的に見るだろう。実を言うと、天文学者が未来の現象を予見するのは、それを或る点まで現在に変えるという条件、あるいは少なくとも私たちをそれから分かつ間隔をおびただしく短縮するという条件によってなのである。要するに、天文学で語られている時間は数であり、そしてこの数の諸単位の性質は計算のなかでは特別扱いするわけにいかないので、同一の仮定が操作の系列全体にまで及び、また空間のなかの位置の継起的諸関係がそのように保持されさえすれば、それらの単位を望むだけ小さく想定することもできるのである。そうすれば、予言したいと思う現象に想像のなかで立ち会うことになろうし、その現象が空間のまさにどの点で、またどれほどの時間的単位の後で生じるかも知ることになろう。出来事を未来に押し戻し、実はそれを見たのに、それを予言したと言うためには、以上の操作を終えた後で、それらの単位にそれらのもつ心的性質を返却してやれば十分だということになろう。

しかし、生きられた持続を構成し、また科学に反論される手がかりを与えないために天文学者が思いのままに扱うことのできるこれらの時間の単位こそ、心理学者が関心を寄せるものである。なぜなら、心理学者の対象は間隔そのものであって、それらの両端ではないからである。たしかに、純粋意識は時間を持続の諸単位の総和というかたちでは捉えない。本来のままなら、それは時間を測るいかなる手段ももたないし、そもそも時間を測る理由さえもたない。とはいえ、例えば或る感情の持続する日数が半減するとすれば、純粋意識にとっては、それは同じ感情ではないだろう。その意識状態には、それを豊饒化しにやってきて、その性質を変えるような多様な諸印象が欠けることになる。なるほど、この感情に或る名前を押しつけ、それを一つの物として扱うとき、私たちは例えばその持続を半減し、また自分たちの生涯の残りすべての持続も半減することができると思い込む。目盛りは減っていても、それはいつも同じ存在であるはずだと思われるだろう。しかし、そのとき、私たちは意識の諸状態が進行であって、物ではないということ、それらの各々を唯一つの言葉で指し示すのは、言語の都合のためだということを忘れているのだ。意識状態は生きており、そして生けるものとして、絶えず変化していること、したがって、その瞬間をいくばくかでも削減すれば必ずやいくばくかその印象を貧弱にし、こうしてその性質を変えてしまうということを私たちは忘れているのである。遊星の軌道が一挙に、あるいはほんのわずかの間、知覚されるのは、その運動の継起的諸位置や諸結果だけが重要であり、それらを分離する等しい間隔の持続はどうでもいいからだということを私はよく理解してはいる。しかし、感情が問題である場合、それは、感じられたということ以外に、明確な結果をもたない。そして、その結果を十全に測定するためには、感情そのもののあらゆる段階を経由して、同じ持続を占めていたのでなければならないだろう。たとえこの感情が遂には、空間中の遊星の位置に比すべき特定の性質をもついくつかの歩みによって翻訳されたとしても、この行為の知識は、一生涯の全体にその感情が与えた影響を測定するのに、何の役にも立たないだろう。しかも、肝要なことは、この影響を知るということなのだ。どんな予見も実は見ることである。そして、この見ることがなされるのは、天文学的予見の場合に起こるように、未来の時間の部分相互の諸関係はそのまま保持しながら、その間隔を次第に縮小していくことができる場合である。しかし、時間の一間隔を縮小するということは、相ついで起こる意識諸状態を空っぽにし、貧弱にするということでないとしたら、いったい何であろうか。さらに、天文学的周期を短縮して見ることができるというそのこと自体、心理的一系列を同じような仕方で変えることはできないということを含意するのではないのか。というのは、持続の単位に関して、天文学的周期を意のままに変えることができるのも、この心理的系列を不変の基底としてとることによってだけだからである。

したがって、未来の行動は予見されうるかと問うているとき、ひとは無意識のうちに、精密科学で問題にされ、数へと還元されるような時間を、その量と見えるものが本当は質であるような真の持続、それを充たす諸事実の性質を変えることなしには一瞬たりとも短縮できないような真の持続と同一視しているのである。そして、こうした同一視を疑いもなく容易にしているのは、私たちが、多くの場合、真の持続についても、天文学的時間についてと同じように、操作する権利をもっているということである。例えば私たちが過去を、つまり一連の既成事実を思い出すとき、私たちはそれをいつも縮約するけれども、だからといって私たちに関係する出来事の性質を変えはしない。それは私たちがその出来事をすでに知っているからである。また、心理的事実が、その存在そのものを構成する進行の終極に達したとき、一挙に思い浮かべることのできるような物になるからである。したがって私たちは、この場合には、一つの遊星が幾年もかかって通過する軌道を唯一つの統覚のうちに包括するときに天文学者が身を置くのと同じ位置にいるのである。実際、天文学的予見を何かになぞらえるべきだとすれば、それは、未来の意識事実の予知ではなく、過去の意識事実の追憶である。しかし、来るべき事実を決定することが問題になるときには、それがいやしくも奥の深いものであれば、それに先立つ意識の諸事実を、もはや静的状態で物のかたちの下に眺めるのではなく、動的状態で進行として眺めなければならない。というのは、それらの意識事実の影響だけが係争問題となっているのに、それらの持続こそその影響そのものだからである。この故に、来るべき持続を縮約して、その諸断片を前もって思い浮かべるということは、問題になりえないであろう。ひとはこの持続を、それが繰り拡げられるのに応じて、生きることができるだけだ。要するに、深い心理的諸事実の領域では、予見すること、見ること、行動することとのあいだに、それと分かるほどの違いはないのである。

真の持続と因果性

もはや決定論者がとるべき方策はほとんど一つしか残っていないであろう。彼は未来の或る行為ないし意識状態を今日ただいまのうちから予見する可能性を言い立てるのは諦めて、すべての行為はその心的先行者によって決定される、あるいは別の言い方をすれば、意識事実は自然現象と同じように法則に従う、と断言するであろう。この議論は、結局、すべての記号的表象を、したがってあらゆる予言を不可能にする諸現象に向き合うことを本能的に恐れて、具体的な心的諸事実の細部には立ち入らないことにある。その際、これらの現象の固有な性質は不明のままにしておいて、それらが、現象というその身分からして、やはり因果性の法則に従うと断定するのである。ところで、この法則が主張しているのは、すべての現象はその諸条件によって決定されているということ、換言すれば、同一の原因は同一の結果を産み出すということである。したがって、行為はその心的先行者と不可分に結びついていなければならないか、あるいは因果性の原理が不可解な例外を許さなければならないか、どっちかだということになろう。

このような決定論的議論の最後の形態も、思われているほどには、前に検討したすべての議論とさして違わない。同じ内的原因は同じ結果を産むと言うことは、同じ原因が何度も繰り返し意識の舞台に登場することができると仮定することである。ところが、持続についての私たちの考え方が目指しているのは、まさに次のような主張以外の何ものでもない。それはすなわち、深い心理学的諸事実は根本的に異質的なものであるということ、かつまた、それらの意識事実は一生涯の異なる二つの瞬間を構成するのだから、それらのうちの二つが完全に類似することはありえないということである。外的対象は流れた時間の痕跡を帯びておらず、したがって物理学者は、諸瞬間の多様性にもかかわらず、同一の要素的諸状態に再び立ち会っていると思うこともできるだろうが、それに対し、持続はその痕跡を保存する意識にとっては現実的なものであり、そしてこの場合には、同一的な諸状態について語ることはできないであろう。なぜなら、同じ瞬間が二度現れることはないからである。互いに類似する心の深い二つの状態がなくても、分析してみれば、これらの異なった諸状態のなかにも相互に比較されうるような不変の諸要素を見分けられるはずだと抗弁しても、無駄である。そうすれば、心理的諸要素というものは、どんなに単純であっても、いやしくも奥深いものであるなら、それぞれの人格と固有の生命をもつものだということを忘れることになるだろう。それらは絶えず生成するのであり、同じ感情でも、反復されるというただそれだけで、新しい感情なのである。それどころか、その感情が同じ外的原因に対応するとか、似たような記号によって外部へ翻訳されるとかいう場合を除けば、その感情に前の名前を保持してやる何の理由もない。したがって、二つの状態のいわゆる類似から同じ原因は同じ結果を産み出すということを演繹すれば、紛れもない論点先取の誤謬を犯すことになるだろう。要するに、因果的関係なるものが内的諸事実の世界にいまだに存在するのだとしても、それは私たちが自然のなかに因果性と呼んでいるものとはどうあっても類似することはありえない。物理学者にとって、同じ原因はいつでも同じ結果を産む。見かけの類似に惑わされない心理学者にとって、深い内的原因はその結果を一度産み出すのであって、二度とそれを産むことは決してないであろう。それでいま、もしこの結果は不可分にこの原因と結びついていたと主張するなら、このような主張は次の二つのうちのいずれかを意味することになろう。一つは、先行諸条件が与えられていれば、未来の行動を予見できたであろう、というものだ。もう一つは、行動がひとたび果たされると、他のすべての行動は、与えられた諸条件のなかでは、不可能なものとして現れる、というものである。ところで、すでに見てきたように、こうした二つの主張は同じように意味を欠いており、それらもまた、持続についての誤った考え方を含むのである。

とはいえ、決定論的議論のこの最後の形態を詳しく検討することは、私たちの観点から決定と因果性という二つの言葉を明らかにするだけのためとはいえ、無益ではないように思われる。私たちの観点からすれば、こうである。天文現象のように未来の行動を予見するのは問題外だし、いったん行動が果たされると、他のすべての行動は、与えられた諸条件のなかでは不可能であると断定することも、問題にはなりえないだろう。加えて、普遍的決定の原理は、たとえ「同じ原因は同じ結果を産み出す」というかたちの下でさえも、意識の諸状態の内的世界においてはあらゆる種類の意味を失うものだ。だが、私たちのこうした主張や追撃も、ただ空しく終わるだけであろう。おそらく決定論者は、これら三つの点のそれぞれについて別個に私たちの議論に承服するだろうし、心理的世界においては、決定という言葉にこれら三つの意味のいずれも帰属させることはできないと認めるだろうし、さらにその第四の意味を見いだすことにもきっと失敗するであろうが、それでも行為はその先行者に不可分に結びついていると繰り返して言うのをやめないだろうからである。したがって、私たちはここで、きわめて根の深い、さわめて執拗な先入見に直面しているのであって、その原理そのものを攻略するのでないかぎり、これに打ち勝つことはできないであろう。それこそが因果性の原理である。私たちは原因の概念を分析することによって、それに内蔵されている曖昧さを示すことにしよう。だからといって、自由を定義するまでには至らないが、現在まで自由についてつくりあげられてきたまったく否定的な観念をおそらく乗り越えることになるだろう。

私たちは物理現象を知覚するが、これらの現象は法則に従っている。これは次のことを意味する。（1）以前に知覚された現象a, b, c, dは同じ形式の下に再び生じることができる。（2）a, b, c, dという条件の後に引き続いて、またこれらの条件のみから現れた或る現象Ｐは、同じ諸条件が与えられるや否や、必ず再び生じるだろう。もしも因果性の原理が、経験論者の主張するように、これ以上のことを何も言っていないのであれば、私たちもこれらの哲学者たちに同意して、この原理が経験に由来するものであることを造作なく認めることができようが、しかし、そうだとすると、この原理はもはや私たちの自由に反対するようなことは何も証明してはいないことになろう。なぜなら、一定の先行状態が一定の結果を産むことは、経験がその規則性を私たちに確認させるところではどこでも依然として明らかなことであろうが、しかし、問題はまさにその規則性が意識の領域でも見いだされるかどうかということだからである。そこに自由の問題のすべてがあるのだ。さしあたり私たちは諸君に同調して、因果性の原理はただ過去において観察された一様で無条件的な諸継起だけを要約するものだと認めよう。では、いかなる権利をもって諸君はそれを深い意識事実にまで適用するのか。そこでは、予見に失敗したのだから、規則的な諸継起はまだ見分けられてはいないはずではないか。さらに、諸君によれば、観察された諸事実の決定性がこの原理そのものの唯一の基礎であるのに、どうしてこの原理に基づいて内的諸事実の決定性を打ち立てようとするのか。実を言えば、経験論者たちが人間の自由に反対して因果性の原理を利用するとき、彼らは原因という言葉を新しい意味にとっているのである。もっとも、それは常識的意味でもある。

二つの現象の規則的継起を確認することは、実際、最初の現象が与えられたとき、第二の現象がすでに捉えられていることを認めるということである。けれども、この二つの表象のまったく主観的な結合は、常識にとっては満足のいくものではない。もし第二の現象の観念が第一の現象の観念のうちにすでに含まれているのなら、第二の現象そのものは、何らかのかたちで、客観的に第一の現象のうちに存在しているのでなければならないと常識には思われるのだ。そして、常識はこの結論に到達しないわけにはいかなかった。なぜなら、現象相互間の客観的結合と、それら現象の観念相互間の主観的連合とを明確に区別することは、哲学的教養のかなり高い段階をすでに予想するからである。

したがって、ひとはそれと知らずに、第一の意味から第二の意味へ移り、因果関係を現在の諸状態における未来の現象の一種の前駆的形成として思い浮かべるようになる。ところで、この前駆的形成はきわめて異なった二つの意味に理解されうるのであって、まさにここに曖昧さが始まるのである。

数学は、実際、この種の前駆的形成のイメージを私たちに提供してくれる。平面に円周を描くその同じ運動がこの図形のあらゆる特性を生み出す。この意味で、無数の定理が、それらの定理を演繹する数学者にとっては持続のうちに繰り拡げられるべきものではあっても、定義のなかに前もって存在している。たしかに、私たちはここで純粋量の領域にいるわけで、幾何学的諸特性は方程式の形式の下に置くことができるのだから、図形の根本的特性を表す最初の方程式が、その方程式のなかにすべて潜在的に含まれる無数の新しい方程式に変形されるということは、非常によく分かる。これに反し、互いに継起し、また感覚によって知覚される物理的諸現象は、量によるのに劣らず質によっても区別されるので、初めからそれらの現象が互いに等価だと言明するのにはいくらか困難が伴うであろう。しかし、まさに私たちの感覚がそれらを知覚するのだから、それらの質的差異をそれらが私たちに与える諸印象に帰属させ、私たちの諸感覚の異質性の背後に等質の物理的宇宙を想定するのを妨げるものは何もない。要するに、物質から、私たちの感覚がその物質にまとわせている具体的な諸性質を、例えば色、熱、抵抗、さらに重ささえも剝ぎとっていけば、等質的な拡がり、物体なき空間にじかに向かい合うことになるだろう。そうなるともはや、空間のなかでさまざまな図形を切り取り、数学的に定式化された法則に従ってそれらを運動させ、これらの幾何学的図形の形や位置や運動によって、物質の外見上の諸性質を説明する以外に、とるべき方策はほとんど残らないだろう。ところで、位置は固定した大きさの体系によって与えられ、運動は法則によって、つまり可変的な量のあいだの恒常的な関係によって表される。しかるに、形はイメージであり、それがどんなに薄く、透明なものと想定されようと、私たちの想像力がそれについて言わば視覚的な知覚をもつかぎり、やはり物質の具体的な、したがって還元できない質をなしている。したがって、こうしたイメージを一掃し、これに代えて図形を生み出す運動の抽象的定式を置き換えなければならないだろう。そこで、代数的諸関係が縺れ合い、この縺れそのものによって客観的なものとなり、そしてそれらの複雑さの効果だけで、見ることも触れることもできる具体的実在を生み出すのだと考えていただきたい。――諸君は現在における未来の現実的な前駆的形成という意味に解された因果性の原理の諸帰結を引き出すほかないだろう。現代の科学者たちがこれほど遠くまで抽象を推し進めたようには見えないが、おそらくウイリアム・トムソン卿は例外であろう。この才能ある深遠な物理学者は、等質的で圧縮されえない流体で充たされた空間を想定し、そのなかでいくつかの渦が巻き起こり、その運動によって、物質の諸特性が生み出される、と考える。これらの渦巻きが物体を構成する諸要素なのである。原子はこうして或る運動となり、物理現象は圧縮されえない流体のなかでおこなわれる規則的な諸運動に還元される。ところで、この流体が完全な等質性をそなえていて、その各部分のあいだには、それらを分かつ空隙も、それらの区別を可能にする何らかの差異も存在しないことに注意すれば、この流体のなかでおこなわれるすべての運動は事実上は絶対的な不動に等しいことが分かるだろう。というのは、その運動の前にも最中にも後にも、全体としては何も変わらず、何も変わらなかったからである。ここで語られている運動は、したがって、実際におこなわれる運動ではなく、思考される運動であり、諸関係のあいだの一つの関係なのだ。ここでは、運動が意識事実であり、空間のなかには同時性しかないということが、おそらく本人にもよく分かっていないまま、承認されているのであって、その結果、私たちはこの同時性の諸関係を私たちの持続の任意の瞬間に当てはめて計算する手段を提供される羽目になったのである。機械論というものがこの体系におけるほど遠くまで推し進められたことはない。というのは、そこでは、物質の究極の諸要素の形態までも一つの運動に還元されているからである。しかし、すでにデカルトの自然学も同じような意味に解釈することができるだろう。なぜなら、もし物質が、デカルトの望んだように、等質的な拡がりに還元されるなら、この拡がりの諸部分の運動は、その拡がりを宰領する抽象的法則によって、あるいは可変的大きさ間の代数方程式によって理解されうるが、イメージという具体的なかたちでは思い描けないだろうからである。してみると、機械論的説明が因果性についてのこうした考え方を発展させ、その結果、原子をその感覚的諸特性の重荷から取り除くことができるようになればなるほど、自然の諸現象の具体的存在はこのように代数的煙となって消え去ろうとする傾向がいっそう増すということは、容易に証明できるであろう。

このように解すれば、因果性の関係が必然的関係であるのは、曲線が漸近線に近づくように、それが同一性の関係に無限に近づくという意味においてである。同一性の原理は私たちの意識の絶対的法則である。それが主張するのは、思考されるものは、思考されるその瞬間に、思考されるということだが、この原理を絶対的必然としているのは、それが未来を現在に結びつけないで、ただ現在を現在に結びつけるからである。この原理は、意識がその役割に忠実で、心の明白な現時的な状態を確認するかぎりで、意識が自分自身のうちに感じる揺り動かしえない確信を表している。しかし、因果性の原理は、それが未来を現在に結びつけるかぎりで、決して必然的原理という形式をとらないであろう。なぜなら、現実の時間の継起的諸瞬間は互いに連帯しているのではなく、それ故、いかなる論理的努力をもってしても、あったものはあるであろうとか、あり続けるであろうとか、同一の先行諸条件は常に同一の諸帰結を招来するであろうと証明するには至らないだろうからである。デカルトはそのことを非常によく理解していたので、物理的世界の法則性を、また同じ諸結果の継続性を、絶えず更新される神の摂理の恩寵に帰していた。彼はその持続が現在の瞬間のなかに全面的に収容されるような宇宙にふさわしい、言わば瞬間的な自然学を構築したのである。またスピノザは、諸現象の系列が、私たちにとっては時間のなかでの継起というかたちをとるにしても、絶対者においては神の単一性に等しいと主張した。このようにして彼は、一方では、現象間の外見上の因果性の関係は絶対者においては同一性の関係に帰着し、他方では、事物の無限の持続は、永遠という唯一の瞬間のうちに丸ごと収容されると想定した。要するに、デカルトの自然学、スピノザの形而上学、現代の科学理論を立ち入って検討してみると、原因と結果とのあいだに論理的必然性の関係を打ち立てようという同じ先入見が至るところに見いだされるであろうし、そしてこの先入見は継起の諸関係を内属の諸関係に変え、持続の活動を廃止し、外見上の因果性を根本的同一性に取り替えようとする傾向として現れていることが分かるだろう。

ところで、必然的結合という意味に解された因果性の観念の発展が自然についてのデカルトやスピノザの考え方に導いていくものだとすれば、逆に、継起的諸現象のあいだに立てられる必然的決定についてのどんな報告も、これらの異質的現象の背後に、漠然としたかたちであるにせよ、或る数学的機制を認めたことに由来するにちがいない。私たちは常識が物質の動力学的理論について、ましてやスピノザ流の機械論についてもおそらく、その直観をもっていたと主張するつもりはない。しかし、結果が原因に結びついているように見えれば見えるほど、ちょうど数学的帰結を原理のなかに置き入れるように、結果を原因のなかに置き入れ、こうして持続の作用を廃絶しようとする傾向が強まるということは分かるだろう。同じ外的諸条件の影響下であったとしても、私は昨日行動したようには今日は行動しないが、私は変化し、持続するのだから、そのことは何ら驚くべきことではない。しかし、私たちの知覚の外部にあると考えられる事物は持続するようには見えない。そこで、この考えを深めていけばいくほど、同じ原因が昨日産んだのと同じ結果を今日は産まないと考えることは不合理だと思われる。もっとも、たとえ事物が私たちと同じようには持続しないとしても、それでも事物のうちには、諸現象がすべて同時に展開するのではなく、相継起するようにしているような何か不可解な理由があるはずだと私たちははっきり感じている。このため、因果性の観念は、無限に同一性の観念に近づくにもかかわらず、それと一致するとは思われないのである。私たちが数学的機械論の考えを明晰に捉えるとか、あるいは精妙な形而上学がこの点についてかなり正当な疑念を取り除きに来てくれるというのであれば、話は別だろうが、しかしそれでもやはり、私たちが持続を私たちの意識のよりいっそう主観的な形式とみなすにつれて、諸現象相互の必然的決定に対する私たちの信念が強固になるのも明らかである。換言すれば、因果的関係を必然的決定の関係とみなそうとする傾向が強まれば強まるほど、私たちはそのことによって、事物が私たちのようには持続しないことをますます肯定するようになる。同じことだが、因果性の原理を強化すればするほど、心理的系列を物理的系列から分かつ差異をよりいっそう強調するようになる。結局、そのことから帰結するのは、この意見がいかに逆説的に見えようとも、外的諸現象のあいだに数学的内属性の関係を想定することは、当然の、あるいは少なくとも是認できる帰結として、人間の自由に対する信念を生じさせるはずだということである。しかし、この最後の帰結には当面のところ関わるまい。私たちがここで求めているのは、ただ因果性という言葉の第一の意味を決定するということだけであり、そして私たちとしては、現在における未来の前駆的形成というものは、そうは見えないけれども常識にかなり馴染み深い持続についての或る考え方のおかげで、数学的な形式の下に容易に考えられるということを示したと思う。

しかし、私たちの精神によりいっそう馴染み深い別の種類の前駆的形成もある。なぜなら、直接的意識がそのイメージを私たちに与えるからである。実際、私たちは相継起する意識の諸状態を通過していくが、その際、たとえ後続する状態が先立つ状態のうちに少しも含まれていなかったとしても、後続する状態についての観念を多少とも漠然と思い浮かべている。もっとも、この観念は、その実現が確実なものとして現れていたわけではなく、単に可能なものとして現れていたにすぎない。けれども、観念と行動とのあいだに、はとんどそれと気づかれないほどのさまざまな媒介物が介入してきていたわけであって、その総体が、私たちにとって、努力感と呼ばれるあの独特の(sui generis)かたちをとるのである。しかも、観念から努力への、努力から行為への進行は、観念と努力がどこで終わり、行為がどこで始まるかを言い当てることができないほど、連続的なものであったのだ。したがって、或る意味ではここでも、未来は現在のうちに前駆的に形成されていたのだと言うことができると考えられる。しかし、この前駆的形成はきわめて不完全だと付言しなければならないだろう。というのは、未来の行動は、たとえ現在その観念をもっているにしても、実現されたものとしてではなく、実現可能なものとして考えられているだけであり、またその行動を成し遂げるために必要な努力が素描されているときでさえ、まだ思いとどまる時間があるとはっきり感じられているからである。したがって、因果的関係をこの第二の形式の下で考えることに決めれば、もはや原因と結果とのあいだに必然的決定の関係はないと先験的に(a priori)主張できるであろう。というのは、結果はもはや原因のうちに与えられないだろうからである。結果が原因のうちにあるとしても、それは単に可能なものという状態においてでしかないし、また対応する行動をおそらく伴わないような漠然たる表象としてでしかないであろう。しかし、子供や原始人たちが、気まぐれが必然性と同じくらい重要な役割を果たすような、不安定な性質をもった観念をいともたやすく受け入れていることと思い合わせてみると、この程度の近似性でも、常識にとっては十分なのだということは別に驚くには当たらないだろう。その上、こうした因果性の表象は、何ら抽象の努力を必要としないし、また単に内的世界と外的世界、客観的諸現象の継起と意識の諸事実の継起とのあいだの或る種の類推を含むだけであるから、一般の知性にはより近づきやすいものとなるであろう。

実を言えば、原因と結果についてのこの第二の考え方は、表象の必要に直ちに応ずるという点で、第一の考え方より自然である。実際、すでに述べたことだが、現象Bをそれに規則的に先立つ現象Aの内部そのものに求めようとするのは、これらの二つのイメージを連合する習慣が遂には、第二の現象の観念を、第一の現象の観念のうちに包まれたものとして、私たちに与えるようになるからである。私たちがこうした客観化を極端にまで推し進めて、現象Aそのものを、現象Bが漠然とした表象のかたちで含まれることになるような心的状態であるとするのは、自然な成り行きなのだ。そうしたからといって、私たちはただ、二つの現象の客観的結合は、その観念を私たちに示唆した主観的連合に似ていると想定しているだけである。こうして事物の諸性質は、私たちの自我の諸状態にかなり類似した真の状態になり、それとともに物質的宇宙に、空間中に分散した漠然たる人格性が帰属することになるであろう。その人格性が、意識的意志を明確に授けられてはいないまま、内的推進力によって、つまり努力によって、或る状態から他の状態へと移っていくのである。このようなものが古代の物活論であったが、臆病な上に、矛盾してもいる仮説であった。というのは、それは物質に意識の真の状態を帰属させながらも、物質にその拡がりを保存してやるからであり、また物質の諸性質を内的な状態、つまり単純な状態として取り扱うと同時に、それらの性質を拡がりに沿って繰り拡げるからである。この矛盾を取り除くことが、ライプニッツに残された仕事であった。彼が示そうとしたのは、もし外的諸性質ないし外的諸現象の継起を私たち自身の諸観念の継起と解するならば、それらの性質を単純な状態もしくは知覚とみなすべきであり、またそれらの性質を支える物質を、私たちの心に似た、拡がりをもたない単子《モナド》とみなさなければならないということであった。そうなると、物質の継起的諸状態は、私たち自身の心理状態と同じように、外部から知覚することはできないことになろう。そして、これらの内的状態すべてがどうして互いに他を表象するかを説明するためには、予定調和の仮説を導入しなければならないだろう。こうして私たちは、因果性の関係をめぐって、ちょうどその第一の考え方でもってスピノザに到達したように、その第二の考え方でもってライプニッツに到達することになるのである。いずれの場合にも、私たちは、常識のもつ臆病で混濁した二つの観念を極端まで推し進めたり、あるいはもっと精密に定式化しているだけのことである。

ところで、因果性の関係は、この第二の仕方で解される場合には、原因による結果の決定を惹起しないということは明白である。歴史そのものがそのことを証拠立てている。よく知られているように、古代の物活論は、因果性についてのこのような考え方の最初の展開であったが、原因と結果との規則的な継起を紛れもない機械仕掛けの神(deus ex machina)によって説明した。この神は、或るときは、事物の外部にあってその上を飛び動く必然性であり、或るときは、私たちの行為を導く規則によく似た規則に基づいて先導する内的理法であった。ライプニッツの単子の諸知覚も必要以上に互いを規定するものではなく、神がそれらの秩序を前もって規定しておく必要があった。ライプニッツの決定論は、実際、彼の単子概念から来るのではなく、単子だけで宇宙をつくりあげる点に由来する。実体相互のあいだのどんな機械論的影響も否定しながら、それでも彼は、いかにしてそれらの状態が相互に対応するかを説明しなければならなかった。そこから決定論が出てきたわけだが、その起源は、因果性の関係の動的な考え方のうちにではなく、予定調和をどうしても認めざるをえなかった必然性のうちにあったのである。だが、歴史のことは傍らにおいておこう。意識が示すのは、力という抽象的な観念が、未決定の努力という観念だということである。すなわち、それは、まだ行為にまで達していない努力の観念であり、そこではこの行為はまだ観念の状態でしか存在しないのである。換言すれば、因果性の関係についての動的な考え方は、事物に対して、私たちの持続とまったく類似した持続を、その持続がどのような性質のものであろうと、帰属させるのである。原因と結果との関係をこのように考えるということは、とりもなおさず、外部世界においても、私たち自身の意識にとってと同じように、未来は現在と連結しているものではないと想定することである。

以上の二重の分析から帰結することは、因果性の原理は持続についての二つの矛盾した考え方を含むということ、現在における未来の前駆的形成についても同様に相容れないイメージを含むということである。或るときには、物理的なものであれ心理的なものであれ、すべての現象が同じ仕方で持続するものとして、したがって私たちの仕方で持続するものとして表象される。この場合には、未来は観念のかたちでしか現在のうちに存在しないであろうし、また現在から未来への移行も、必ずしも考えられた観念の実現にまで到達するとは限らない或る努力という様相をとることになろう。反対に、或るときには、持続は意識状態の固有の形式とされる。この場合には、事物はもはや私たちのようには持続しないし、事物に認められるのは、現在における未来の数学的先在である。もっとも、これらの仮説は、それだけ別々に取り上げると、各々が人間の自由を擁護している。というのは、第一の仮説は、自然の諸現象のなかにまで偶然性をもち込むことになるだろうし、第二の仮説は、物理現象の必然的決定を事物が私たちのようには持続しないせいにすることによって、私たちをまさに促して、持続する自我を自由な力にしようとするからである。このため、因果性についての明晰な考え方は、どんなものであれおのずと納得されるものである場合には、当然の帰結であるかのように、人間の自由という観念に導かれるのである。ところが、不幸なことに、因果性の原理を同時に二つの意味にとるという習慣が私たちには身についてしまっているのだ。というのは、一方は私たちの想像力をいちだんとかき立ててくれるし、他方は数学的推論を優遇するからである。或るときは、特に物理現象の規則的継起や、或る現象がそのおかげで別の現象へ成るような類の内的努力のことを考え、或るときは、これらの現象の絶対的規則性に着目して、この規則性の観念から、前の仕方で解された持続を排除するような数学的必然性の観念へ、それと気づかないまま段階的に移っていく。しかも、これらのイメージをどちらかでなだめ、科学の利害を大切に思う度合いの多少に応じてどちらかを優先させることに何の不都合も覚えないのだ。しかし、因果性の原理をこのような曖昧なかたちで意識事実の継起に適用することは、納得できる理由もないのに自ら好んで、解きがたい難問をつくり出すことである。力の観念は、現実には必然的決定の観念を排除するものだが、自然において因果性の原理を使用したまさにその結果、必然性の観念と言わば混成するような習慣を身につけてしまったのである。一方では、力は意識の証言によってのみ知られるものであり、そして意識は将来の行為の絶対的決定性を主張しはしないし、理解しさえもしない。それこそが経験が教えるすべてである。もし私たちが経験にとどまるならば、私たちは自由だと感ずると言うだろうし、間違っているにせよ正しいにせよ、力を自由な自発性として知覚すると言うだろう。しかし、他方では、この力の観念は、自然のなかに移されて、必然性の観念と併走し、この旅から傷ついて帰ってくる。それは必然性の観念に染まりきって帰ってくるのだ。そして、私たちが必然性の観念に外的世界で演じさせた役割に照らし合わせて考えてみると、私たちはいまや力が

〈力から出ていこうとする諸結果を必然的な仕方で決定するもの〉となっていることに気づくのである。ここでも、意識の錯誤は、自我を直接的にではなく、一種の屈折によって、すなわち意識が外的知覚に貸し与え、外的知覚の方も必ずや言わば色づけをして返してくる諸形式を通して、眺めることに由来する。力の観念と必然的決定の観念とのあいだで妥協がなされたのだ。いまや、二つの外的現象相互のどんな機械論的決定も、私たちの眼から見ると、私たちの力と、この力から出てくる行為との力動的関係と同じかたちをとるようになるが、逆に、力と行為との関係も、人間の行為がそれを生み出す力から機械的に、したがって必然的に出てくるのだから、数学的派生現象という様相をとることになる。この二つの異なった、ほとんど対立した観念の融合が常識に利益を与えていることは、疑いようがない。なぜなら、この融合によって、私たち自身の生存の二つの瞬間のあいだに存在する関係と、外的世界の継起的諸瞬間を相互に結びつける関係とを同じ仕方で表象し、同じ言葉で示すことが可能になったのだからである。すでに見たように、私たちの最も深い意識状態は数的多様性を排除するものだとしても、私たちはそれでもそれらの状態を相互に外的な諸部分に分解する。もし具体的持続の諸要素が相互に浸透し合っているとしても、拡がりのうちに表現される持続は、空間のなかに撒き散らされている物体と同じ個別的な諸瞬間を提示するのである。してみれば、私たちの生存の言わば客観化された諸瞬間のあいだに因果性という客観的関係に似た関係が打ち立てられ、自由な努力の力動的観念と必然的決定の数学的概念とのあいだにもやはり浸透現象に比すべき交換がおこなわれるからといって、何を驚くことがあろうか。

しかし、こうした二つの観念を分離することは、自然科学では既成の事実である。物理学者はなるほど力という言い方をし、その作用の仕方を内的努力との類比で思い描くこともあるだろうが、彼は決してこのような仮説を科学的説明のなかに介在させようとはしないであろう。ファラデーに同調して、拡がりをもった原子を力学的な点に置き換えるひとたちでさえ、力の中心とか力線を数学的に処理するだけで、活動性ないし努力と考えられる力そのものを気にかけることはないだろう。つまり、ここでは、外的因果性の関係が純粋に数学的であり、心的な力とそこから出てくる行為との関係とは何の類似性ももたないということは、言わずもがなのことなのである。

ここで、こう付言しておかなくてはなるまい。内的因果性の関係は純粋に動的であり、相互に条件づけ合う二つの外的現象とは何の類似性ももたない。というのは、外的現象は等質的空間のうちで繰り返し現れることができるものであり、法則の構成に参与するのに対し、深い心的諸事実はひとたび意識に現れると、もはや決して再び現れることはないだろうからである。心理現象の注意深い分析によって、私たちは最初にこの結論に達していた。因果性と持続の観念をそれ自体で考察したこの研究は、その結論を確認したまでのことである。

自由の問題の起源

いまや私たちは自由についての私たちの考え方を定式化することができる。自由と呼ばれているのは、具体的自我とそれがおこなう行為との関係である。この関係は、まさに私たちが自由であるが故に、定義できない。実際、ひとが分析しているのは、物であって、進行ではない。また、ひとが解体しているのは、拡がりであって、持続ではない。あるいは、それでも分析に固執しようとすれば、知らぬ間に進行を物に、持続を拡がりに変えてしまうだけである。具体的時間を分解しようとするただそれだけで、ひとはその諸瞬間を等質的な空間のうちに繰り拡げてしまう。おこなわれつつある事実がすでにおこなわれた事実に取り替えられてしまう。そして、自我の活動性を言わば凝固させることから始めたものだから、自発性が惰性に、自由が必然性に変化していくのを目の当たりに見ることになる。――このため、自由を定義しようとすれば、どんな定義も決定論を正しいとすることになってしまうであろう。

実際、自由行為について、それがいったんなされた後で、この行為はなされないこともありえたと言えば、それで自由行為を定義することになるのだろうか。だが、この主張は――反対の主張と同様に――、具体的持続とその空間的記号とのあいだには絶対的等価性があるという思想を含むもので、この等価性を認めるや否や、ひとはいましがた述べたばかりの定式の発展そのものによって、最も頑固な決定論に到達することになる。

では、自由行為を、「前もってその条件すべてを知っていても、予見できない行為」と定義してみよう。しかし、あらゆる条件を所与として考えること自体、具体的持続のなかにあって、行為がなされた瞬間そのものに身を置くことである。そうでないとすると、その場合、心的持続を構成する素材が前もって記号によって表象できると認めることになるが、すでに述べたように、そのことは時間を等質的環境として取り扱い、持続とその記号との絶対的等価性を新しいかたちで承認することに帰着する。したがって、自由のこの第二の定義を掘り下げていっても、やはり決定論に到達するだろう。

最後に、自由行為は必ずしもその原因によって決定されているわけではないと言えば、自由行為を定義することになるだろうか。しかし、このような言葉はまったく無意味であるか、あるいはその意味するところは、同じ内的原因は必ずしも同じ結果を引き起こさない、ということである。したがって、自由行為の心的先行者はあらためて再現しうるということ、自由はその諸瞬間が類似している持続のなかで展開されること、時間は空間と同じように等質的環境だということが認められていることになる。まさにこのことから、ひとは持続とその空間的記号とのあいだの等価性という観念に連れ戻されるであろうし、自由について下したはずの定義を推し進めていって、またもう一度、そこから決定論を引き出すことになるだろう。

要するに、自由に関しては、その解明を要求するすべての問題は、それと気づかれることのないまま、「時間は空間によって十全に表されうるか」という問いに帰着する。――これに対して、私たちはこう答えよう。流れた時間が問題なのであれば、然り、である。流れつつある時間が話題になっているのであれば、否、である。ところで、自由行為は流れた時間のなかではなく、流れる時間のなかでおこなわれるものである。したがって、自由とは一つの事実であり、確認される諸事実のなかでも、これほど明瞭なものはない。この問題のもつすべての困難さは、また問題そのものも、持続に、拡がりの場合と同じ属性を見いだそうとしたり、継起を同時性によって解釈したり、自由の観念を明らかにそれを翻訳できない言語で表現しようとすることから生まれてくるのである。

結　論

常識への帰還

以上述べてきたことを要約するために、まずカントの用語法を、否、その学説をも脇に置くことにしよう。そして、これらについてはもっと後で立ち返ることとして、私たちとしては常識の観点に身を置くことにしよう。現代の心理学は主として、私たちが私たち自身の身体構成から借りた或る形式を通して事物を知覚することを確立しようと没頭しているように見える。この傾向はカント以来ますます強められた。このドイツの哲学者が時間を空間から、外延的なものを内包的なものから、今日の言葉で言えば、意識を外的知覚からきっぱりと分離したのに対し、経験学派は、分析をさらに進めて、外延的なものを内包的なもので、空間を持続で、外在性を内的諸状態で再構成しようと試みているわけだ。——その上、この点では、物理学が心理学の仕事を補完しにくる。物理学はこう教える。もし現象を予見しようと思えば、現象が意識の上に生み出す印象を一掃して、感覚を現実そのものとしてではなく、現実の記号として取り扱わなければならない、と。

私たちとしては、逆の問題を提出して、私たちが直接に把握していると思い込んでいる自我そのものの最も明白な諸状態も、たいていの場合、外界から借りた或る形式を通して知覚され、その反面、外界は私たちから借りたものをそうやって私たちに返すのではないかと自問してみる必要があると思われた。分析するまでもなく(a priori)、事情はどうもそんな具合になっているように見える。というのは、ここで話題になっている諸形式、私たちが素材を当てはめようとする形式がまったく精神に由来するものだと仮定しても、その形式を対象に不断に適用しながら、対象がやがて形式に逆影響を与えないとは考えにくいからである。とはいえ、その際、これらの形式を私たち自身の認識のために用いると、私たちは自我が置かれている枠組みの反映を、つまり外界の反映を、自我の色づけそのものとみなす危険を冒すことになる。しかし、さらに進んで、こう断言することもできるだろう。事物に適用できる諸形式はまったく私たちの創造物だというわけにはいくまい。それらは物質と精神との妥協から結果として生じなくてはならないはずだ。私たちがこの物質に多くを与えるとしても、私たちの方も物質からおそらく何かを受け取っているだろう。こうして、私たちが外界への小旅行を終えた後で、自分自身を再び捉えようと試みるとき、私たちはもはや何でも思いのままにするというわけにはいかなくなるのだ、と。

ところで、物理現象相互の真の関係を決定するために、私たちは知覚や思考の仕方のうちで明らかにこれらの関係と矛盾するものを捨象するが、これと同様に、自我をその本然の純粋さで凝視するために、心理学は外界の明白な刻印を帯びたいくつかの形式を除去ないし修正しなければならないだろう。――その形式とはどのようなものか。心理状態というものは、それらを相互に孤立させ、その数だけの別々の単位として考えると、大小の違いはあれ、強さをもっているように見える。次いでそれらの多様性において眺めると、それらは時間のなかで自己を展開し、持続を構成する。最後に、それらの相互関係において、またそれらの多様性を通して一つの統一性が保たれているかぎりで、それらは相互に決定し合っているように見える。――強さ、持続、意志的決定、これら三つの観念こそ純化すべきものだが、そのためには、それらが感覚的世界に侵入されたために、そして一言で言えば、空間観念に取り憑かれたために、身に蒙ることになった一切のものからそれらを解放しなければならない。

これらの観念の第一のものをまず考察することによって、心的諸事実はそれ自体では純粋な質、あるいは質的多様性であり、他方、空間のなかに位置するそれらの原因は量であることを私たちは見いだした。この質がこの量の記号となり、私たちが後者の背後に前者を推察するかぎり、私たちはそれを強さと呼ぶ。したがって、単純な状態の強さは量ではなく、量の質的記号である。この強さの起源は、意識事実である純粋な質と、必然的に空間たらざるをえない純粋な量とのあいだの妥協のうちに見いだされるであろう。ところが、外的事物を研究するとき、諸君はこの妥協を何のためらいもなく捨ててしまう。というのは、そのとき諸君は、力が存在すると仮定しておきながら、その測定可能で拡がりをもった結果だけを考察しようとして、力そのものは無視するからである。では、今度は意識事実を分析するときに、なぜ諸君はこの折衷的概念を保持しようとするのか。もし諸君の外部にある大きさが決して強さをもたないとすれば、諸君の内部にある強さも決して大きさではないのだ。まさにこのことを理解しなかったために、哲学者たちは一方に内包量、他方に外延量という二種類の量を区別せざるをえなくなったが、その際、それら相互の共通点が何であるかということも、また、これほど似ても似つかないものにどうして「増大」とか「減少」という同一の言葉を使うことができるのかも、うまく説明することができなかったのである。まさにこの点で、哲学者たちは精神物理学のさまざまな誇張に対して責任がある。というのは、感覚に増大する能力が比喩ではなしに認められる以上、いきおいそれがどれほど増大したかを探究する気になるものだからだ。そして、もし強さの量が大きさであるとすれば、意識がその量を測定しないからといって、科学が間接的にすらその測定に達しえないということにはならない。したがって、精神物理学的定式が可能であるか、もしくは単純な意識状態の強さは純粋な質であるか、そのいずれかである。

次に多様性の概念に移って、私たちに分かったことは、或る数を構成するためには、まず第一に、互いにはっきり区別されるような諸項が配列されうるような等質的環境の、つまり空間の直観が要求されるということ、第二に、これらの単位が動的に加わり合って、先に質的多様性と呼んだものを形成してゆく浸透と有機的一体化との過程が要求されるということであった。単位が加わり合うのは、この有機的発展のおかげであるが、それらの単位がはっきり区別されたままでいるのは、それらが空間のなかに現存しているからである。したがって、数、あるいは個別的多様性もまた、妥協の結果なのである。ところで、私たちが物質的対象をそれ自体で考察するとき、私たちはこの妥協を捨てるが、それは、私たちが物質的対象を浸透不可能で不可分なものとして、つまり相互に無限に区別のあるものとして、みなすからである。したがって、私たちが自分自身を研究するときにも、その妥協を捨てなければならないであろう。そうしなかったからこそ、観念連合主義者たちは、はっきり区別された意識の諸事実を相互に付加することによって心的状態を再構成しようとし、自我そのものを自我の記号に置き換えた結果、しばしばとんでもない誤りに陥ったのである。

以上の予備的考察によって、私たちは本書の主要目的、持続の観念と意志的決定の観念の分析に着手することができた。

私たちの内部にある持続とは何か。数とは何の類似性ももたない質的多様性である。有機的発展であるが、増大する量ではない。純粋な異質性であるが、そのなかにははっきり区別された質というものはない。要するに、内的持続の諸瞬間は相互に外在的ではないのである。

持続のうちで何が私たちの外部に存在するか。現在だけである。あるいは、こういう言い方のほうがよければ、同時性だけである。たしかに外的事物は変化するが、それらの諸瞬間が継起するのは、それらの事物を記憶する意識にとってでしかない。私たちは私たちの外部に一定の瞬間に同時的な諸位置の総体を観察するが、それに先立つ多くの同時性のうち、残っているのは何もない。持続を空間のうちに置くことは、とりもなおさず同時性の内部そのもののうちに継起を位置させることであるが、これは紛れもない矛盾である。したがって、外的諸事物が持続すると言うべきではなく、こう言うべきだ。すなわち、これらの事物のなかには、何か言い表しがたい理由があって、そしてそのせいで、私たちが私たちの持続の継起的諸瞬間にそれらの事物を考察するときにはいつでもそれらが変化したと考えざるをえないのだ、と。もっとも、この変化は、継起という言葉を新しい意味に解するのでなければ、継起を含むものではない。この点に関しては、私たちは科学と常識との意見の一致をすでに確認しておいた。

こういうわけで、意識のうちに私たちが見いだすのは、互いに区別されることなく継起する諸状態である。また、空間のうちに見いだすのは、継起することはないが、後のものが現れるときは前のものはもはや存在しないという意味で、互いに区別される諸同時性である。――私たちの外部にあるのは、継起なき相互的外在性であり、内部にあるのは、相互的外在性なき継起である。

ここにも、一つの妥協が介入してくる。外界を構成する同時性は、たしかに相互に区別されてはいるが、ただ私たちにとっては相互に継起する同時性である。そこで、私たちはこれらの同時性がそれ自体で相互に継起することを認めてしまうのである。このことから事物を私たちが持続するのと同じように持続させ、時間を空間のなかに置き入れようとする考えが生じる。しかし、もし私たちの意識がこのように継起を外的事物のなかに導入すると、逆にこれらの外的事物そのものも私たちの内的持続の継起的諸瞬間を相互に外在化することになるのだ。物理現象の同時性は、後の現象が生じるときには前の現象が存在しなくなるという意味で絶対的に区別されているが、それら物理現象の多くの同時性が、継起が相互浸透を含むような内的生命を、同じくはっきり区別された、相互に外在的な小片に細分化するようになる。例えば、大時計の振り子はぜんまいの動的で不可分の緊張をはっきり区別された断片に分割し、言わば長さとして繰り拡げる。このようにして、真の浸透現象によって、異質性たるかぎりで空間であり、持続たるかぎりで時間であるような測定可能な時間という混淆観念が、とどのつまりは同時性のなかの継起という矛盾した観念が形成されるのである。

科学は外的事物を立ち入って深く研究するときには、拡がりと延長という二つの要素を分離する。科学が持続についてはは同時性しか保持せず、運動自身については運動体の位置、つまり不動性しか保持しないということは、すでに証明したと思う。ここでは、分離がきわめて明確に、しかも空間に有利なように、おこなわれている。

したがって、内的現象を研究する場合にも、やはりこの分離を、しかし持続に有利なように、おこなわなければなるまい。内的現象とはいっても、もちろん完成した状態での内的現象ではなく、また論弁的知性が理解のためにそれらを分離し、等質的環境のなかで展開した後での内的現象でもない。それは、形成途上にある内的現象であり、その相互浸透によって自由な人間の連続的発展を構成するかぎりでの内的現象である。持続は、このようにその本然の純粋さに立ち戻ると、まったく質的な多様性、相互に融け合うようになる諸要素の絶対的異質性として現れてくるだろう。

ところで、或るひとたちが自由を否定するようになったり、他のひとたちが自由を定義しようとして、まさにそのことによって、心ならずもやはり自由を否定するようになったのは、必要なこの分離をおこなうのを怠ったからである。実際、そのすべての条件が与えられたとき、行為が予見できたか、できなかったかが問われるとき、それを肯定するにせよ、否定するにせよ、こうした諸条件の全体が前もって与えられたものと考えられうるのだということが承認されているわけだが、しかしすでに示したように、このことは持続を等質的な物として、強さを大きさとして扱うことに帰着するのである。あるいはまた、因果性という言葉の二重の意味をもてあそび、こうして持続に相互に排除し合う二つの形式を与えていることに気づかないで、行為はその諸条件によって決定されていると言うひとがいるかもしれない。あるいは最後に、エネルギー保存の原理をもち出すひともいるかもしれないが、その際、この原理が、相互に等価であるような外界の諸瞬間にも、互いに成長していくような〈生き、かつ同時に意識的な存在〉にも、等しく適用されうるのかどうかを問うことはしない。一言で言えば、自由をどのような仕方で見ようと、ひとがそれを否定するのは、時間を空間と同一視するという条件によってのみであり、またこれを定義するのも、空間に時間の十全な表現を要求するという条件によってのみである。どちらの意味においても、継起と同時性とをあらかじめ混同するという条件によるのでなければ、そもそも自由についての討論が成り立たないのだ。したがって、どんな決定論も経験によって論駁されるだろうが、自由のどんな定義も決定論を正しいとするであろう。

そこで、このように持続と拡がりを分離する場合、科学では外界に関してあんなに自然におこなわれているのに、内的状態が問題であるときは、なぜこれほどの努力が要求され、これほどの嫌疑を生むのかを問いたずねてみた結果、問もなくその理由に気づいた。科学は予見と測定を主要な目的としている。ところが、物理現象が予見されるのは、それが私たちのようには持続しないと仮定する条件においてのみであり、測定がなされるのは、空間についてだけである。したがって、ここでは、質と量のあいだで、真の持続と純粋な拡がりとのあいだで、おのずと切断がおこなわれているのである。しかし、意識状態が問題であるときには、これらの状態に外的事物の相互外在性を分有させるという錯覚を保持することが、私たちにとってはなはだ好都合なのだ。なぜなら、この分離によって、同時にまたこの固定化によって、私たちは意識の諸状態に安定した名前を、それらの不安定さにもかかわらず、与えることができ、また個々別々の名前を、それらの相互浸透にもかかわらず、与えることができるからである。それらの分離と固定化のおかげで、私たちは意識状態を客観化し、それらを言わば社会生活の流れのなかに参入させることができるのである。

したがって、結局、二つの異なる自我があることになろう。そのうちの一方の自我は、他方の自我の外的投影のようなもので、その自我の空間的な、言わば社会的な表現だということになろう。私たちは深い反省によって第一の自我に到達し、この反省は、私たちの内的状態を、絶えず形成途上にある生き物として、測定には従おうとはせず、相互に浸透し合い、持続におけるその継起が等質的空間における併置とは何ら共通点をもたないような状態として、把握させるのである。しかし、私たちがこのように自分自身を捉え直すのは、稀であり、この故に、私たちが自由であるのは稀なのだ。たいていの場合、私たちは自分自身に外的に生きており、自我については、その色褪せた亡霊、純粋持続が空間のなかに投影する影にしか気づかない。したがって、私たちの生存は、時間におけるよりも、むしろ空間において繰り拡げられる。私たちは私たちに対してよりは、むしろ外界に対して生きている。私たちは、考えるよりも、むしろ話す。私たちは自ら行動するよりも、むしろ「行動させられる」。自由に行動するということは、自己を取り戻すことであり、純粋持続のなかに身を置き直すことなのである。

カントの誤謬

カントの誤謬は時間を等質的環境とみなしたことであった。彼は現実の持続が相互に内的な諸瞬間から構成されること、それがまったく等質的な形式をとるときは、空間として表わされているのだということに気づかなかったように見える。こうして彼が空間と時間とのあいだに立てる区別そのものは、結局、時間と空間との、自我の記号的表現と自我それ自身との混同に帰着する。彼は意識が心理的諸事実を併置による以外には統覚できないと判断したが、これらの事実が併置され、相互に区別される環境は必ず空間であり、もはや持続ではないということを忘れていたのである。そのために彼は、ちょうど同じ物理現象が空間のなかで再現されるように、同じ意識状態が意識の奥底で再び現れうるのだと信ぜざるをえなくなっていった。このことは少なくとも、彼が因果性の関係に、内的世界においても外的世界においても、同じ意味と同じ役割を帰したとき、暗黙のうちに認めていたことである。以後、自由は理解しがたい事実になってしまった。それでも彼は、彼がその能力の範囲を制限しようと努めていた内的統覚への限りない、しかし無自覚な信頼によって、自由を確固不動のものと信じた。そこで、彼は自由を本体(ヌーメノン)の高みにまで昇格させた。そして、持続と空間とを混同していたために、実際には空間とは無縁な現実的で自由な自我を、同じように持続に外的な、したがって私たちの認識能力には近づきえない自我にしたのである。しかし、本当は、反省の力強い努力によって、私たちにつきまとう影から眼を転じて、自分自身に立ち戻るときにはいつでも、私たちはこの自我を捉えているのだ。本当は、たとえ私たちがたいていの場合、自分自身の人格に外的な仕方で、持続のなかよりもむしろ空間のなかで生き、行動しているとしても、また、そのために、同一の結果を同一の原因につなぐ因果性の法則を呼び起こす手掛かりを与えているにしても、それでも私たちは、その諸瞬間が内的で相互に異質的であるような純粋持続のうちにいつでも身を置き直すことができるのである。そこでは或る原因がその結果を再現することなぞありえないだろう。というのも、そもそも原因が元のまま再現されることは決してないだろうからである。

私たちの考えでは、カント哲学の強みと弱みが同時に存在するのは、真の持続とその記号とのこうした混同のうちにおいてである。カントは一方に物自体を、他方にその物自体が屈折して通る等質的な絶対時間と絶対空間とを考える。こうして、一方に現象としての自我が、つまり意識が統覚する自我が、他方に外的諸対象が生じることになろう。したがって、時間と空間は私たちの内にも私たちの外にも存在しないことになり、かえって外部と内部の区別そのものが時間と空間との作品だということになる。この学説は、私たちの経験的思考に堅固な基礎を与え、現象が、現象たるかぎりで、十全に認識されうることを保証するという利点をもっている。さらに、義務の啓示者たる実践理性が、プラトンの想起〔アナムネーシス〕のような仕方で介入してきて、〈物自体は目には見えないが、現前するものとして存在する〉と私たちに知らせさえしなければ、私たちはこれらの現象を絶対的なものとして立て、不可解な物自体などに頼らないで済ますこともできよう。この理論全体を支配しているのは、認識の素材とその形式とのあいだの、等質的なものと異質的なものとのあいだの非常に鮮明な区別であり、そしてこの主要な区別は、もし時間もまた、それを充たすものとは無関係な環境であると考えなかったならば、おそらく決して立てられなかったことであろう。

しかし、もし直接的意識が統覚するような時間が空間と同じように等質的な環境だとすると、科学は、空間に対するのと同様、時間に対しても影響力をもつことになるだろう。ところで、私たちが証明を試みたように、数学的認識は時間のうち同時性しか、運動そのもののうち不動性しか保持しないのだから、持続たるかぎりでの持続、運動たるかぎりでの運動は、そうした認識から逃れるのである。これこそ、カント派のひとたちや、また彼らの反対者さえも、気づかなかった点だと思われる。科学によってつくられた、このいわゆる現象界では、同時性のうちに、つまり空間のうちに翻訳されえないすべての関係は、科学的には認識不可能なのである。

第二に、等質的なものと仮定されるような持続においては、同じ状態が再び現れうることになろうし、因果性は必然的決定を含むであろうし、一切の自由が理解できないものとなろう。まさにこの帰結に到達したのが『純粋理性批判』である。しかし、このことから現実的な持続は異質的であると結論していたら、カントの注意は、この第二の困難を解明することによって、第一の困難に向けられることになったであろうが、彼はそうする代わりに、自由を時間の外に置き、そして彼が私たちの悟性に全面的に委ねる現象の世界と、私たちの立ち入りを禁じる物自体の世界とのあいだに、越えがたい障壁を立てることを選んだのである。

しかし、この区別はおそらくあまりに截然としすぎているし、この障壁も思われているより越えやすいものである。というのは、もしたまたま現実的持続の諸瞬間が注意深い意識によって統覚されて、併置されずに相互に浸透していることにでもなれば、またこれらの瞬間が、そのなかでは必然的決定という観念があらゆる意味を失うような、そういう異質性を相互に形成することになれば、その場合には、意識によって捉えられた自我は自由な原因であろうし、私たちも自分自身を絶対的に認識することになるだろう。他方、この絶対的なものはまさに絶えず諸現象と混じり合い、現象に浸されることによって現象に浸透するのだから、これらの現象は、ひとが言い立てるほど、数学的推論に近づきうるものとはならないであろう。

という次第で、私たちも等質的な絶対空間を想定し、カントに同調して、この空間を、それを充たす内容から区別してみた。彼とともに、等質的空間が私たちの感性の形式であることも認めた。しかし、このことが意味するのは単に、他の知性ならば、例えば動物の知性なら、諸対象を知覚しながらも、それらを、相互のあいだでも、そのものとしても、それほど明確には区別しないということにすぎない。この等質的空間の直観、つまり人間に固有な直観によって、私たちは私たちの概念を相互に外在化することができ、事物の客観性も私たちに開示されるのである。こうして、この直観は、その二重の作用によって、すなわち一方では言語を助けることによって、他方では私たちとははっきり区別される外的世界を、あらゆる知性が交流し合う知覚のなかで私たちに提示することによって、社会生活を予告し準備するのである。

この等質的空間の面前に、私たちは注意深い意識が統覚するような自我を置いてみた。それは、その諸状態が区別されてもいず、同時にまた不安定でもあるので、互いに分離されると必ず性質が変わるし、固定されたり表現されたりすると、必ず共通の領域に落ち込んでしまう生きている自我である。このような自我にとって、つまりこんなに明瞭に外的諸対象を区別し、こんなに易々とそれらを記号によって表現する自我にとって、自分自身の生存の中心部に同じだけの判別図式を導入しようとする誘惑、その心的諸状態の内的浸透に代えて、またまったく質的なそれらの多様性に代えて、相互に区別され、併置され、言葉によって表現される諸項の数的多数性を置き換えようとする誘惑は大きかったはずだ。その場合、私たちは、その諸瞬間が相互に浸透する異質的な持続ではなく、その諸瞬間が空間のなかに並列される等質的時間をもつことになろう。その継起的諸局面が、それぞれその類において特異であるので、言語と通訳不可能であるような内的生活ではなく、私たちは人工的に再構成できる自我や、語をつくる場合のアルファベットの文字のように、離合集散するような単純な心的諸状態を手に入れることになる。しかも、そこにあるのは、単に記号的表現の一つの在り方といったものではないだろう。というのは、直接的直観と論弁的思考とは、具体的現実においては一体をなしており、そして最初は私たちが自分の行為を理解するためのものであった同じ機制が遂には行為を支配することにもなるからである。そのとき、私たちの心的状態は、相互に分離し合うことによって、固体化することになろうし、そのように結晶化した私たちの観念と外的行動とのあいだには、安定した連合が形成されるであろう。そして少しずつ、神経物質が反射作用を獲得するに至る過程を意識が模倣していくなかで、自動運動が自由を覆うようになるであろう(1)。まさにそのとき、一方には観念連合主義者や決定論者たち、他方にはカント主義者たちが現れてくるのだ。彼らは私たちの意識生活のうち、その最も共通な局面しか眺めないので、彼らが捉えるのは、はっきり切り離された諸状態、物理現象のような仕方で時間のなかで再現でき、望むならば、自然の諸現象に対してと同じ意味で、因果的決定の法則を適用しうる諸状態である。他方、これらの心的諸状態が併置される環境は、同じ事実がそこで新たに再現されうるように見える相互に外在的な諸部分を示すので、彼らはためらわず時間を等質的環境とし、それを空間として扱う。これ以降、持続と拡がり、継起と同時性とのあいだのあらゆる差異が破棄される。もはや残っているのは、自由を追放することだけである。あるいは、道徳的配慮から自由を尊重するような言い方をすれば、意識がその神秘的な敷居を越えるわけにはいかない、物自体の非時間的領域へ自由が赴くのを丁重に見送ることだけである。しかし、私たちの考えでは、採るべき第三の方途があるはずである。それは、私たちが私たちの存在に関わる何か重大な決心をした瞬間を、また或る民族にとってその歴史の消え去った段階が再び戻ってこないのと同様の、もはや再現されえないような独自の種類の瞬間を思考によって思い起こすことであろう。そうすれば、こうした過去の諸状態が言葉では十全に表現されえず、より単純な諸状態の併置によっても人工的に再構成できないのは、それらがそれらの動的統一性とまったく質的な多様性とにおいて、私たちの具体的で現実的な持続の、異質的な持続の、生きた持続の、さまざまな局面を表しているからだということが分かるだろう。また、私たちの行動が私たちにとって自由だと思われたのも、この行動とそれが出てきた状態との関係が、この心的状態が独自の種類をなし、もはや決して再現できないが故に、法則によって表すことができなかったからだということが分かるだろう。最後に、必然的決定の観念そのものが、ここではまったく意味を失うこと、なされる前に行為を予見したり、ひとたびなされた後で反対の行動の可能性を推論したりすることは問題にさえなりえないことが分かるだろう。というのも、あらゆる条件が与えられるということは、具体的持続においては、行為のその瞬間に身を置くということであって、行為を予見することではないからである。しかし私たちは、自由を否定せざるをえないとか、それを定義しなければならないと信じるひとたちがいるのは、どんな錯覚によってなのかということも理解した。それは、その諸要素が浸透し合う具体的持続から、その諸瞬間が併置される記号的持続へ、したがって自由な活動から意識の自動運動へ、それと気づかれないほどだんだんに移行がなされるからである。また、たとえ私たちが自分自身に立ち返ろうと欲するときはいつも自由であるにしても、そう欲することは稀にしか起こらないからである。最後にまた、行動が自由に遂行される場合でさえ、その行動について推論しようとすれば、どうしてもその行動の諸条件を互いに外的に、つまりもはや純粋持続においてではなく、空間のなかで繰り拡げなければならないからである。したがって、自由の問題は誤解から生まれてくる。それは現代人にとって、古代人にとってのエレア学派の詭弁のようなものであった。そして、あの詭弁と同様、この問題の起源は、継起と同時性、持続と拡がり、質と量とを混同する錯覚のうちにあるのである。

注

第一章

(1) H. Spencer, *Essais sur le progrès*, trad. fr., p. 283.
(2) W. Wundt, *Psychologie physiologique*, trad. Rouvier, t. I, p. 423.
(3) W. James, Le sentiment de l'effort (*Critique philosophique*, 1880, t. II).
(4) D. Ferrier, *Les fonctions du cerveau*, trad. fr., p. 358.
(5) H. L. F. Helmholtz, *Optique physiologique*, trad. fr., p. 764.
(6) Th. Ribot, *Le mécanisme de l'attention*, Alcan, 1888.
(7) Ch. Darwin, *Expression des émotions*, p. 79.
(8) W. James, What is an emotion? *Mind*, 1884, p. 189.
(9) H. Spencer, *Principes de psychologie*, t. I, p. 523.
(10) Ch. Darwin, *Expression des émotions*, p. 84.
(11) Ch. Richet, *L'homme et l'intelligence*, p. 36.

(12) *Ibid.*, p. 37.

(13) *Ibid.*, p. 43.

(14) Ch. Darwin, *Expression des émotions*, p. 84.

(15) Ch. Féré, *Sensation et mouvement*, Paris, 1887.

(16) W. Wundt, *Psychologie physiologique*, trad. fr., t. II, p. 497.

(17) M. Blix, A. H. Goldsheider et H. H. Donaldson, On the temperature sense, *Mind*, 1885.

(18) O. N. Rood, *Théorie scientifique des couleurs*, p. 154–159.

(19) H. L. F. Helmholtz, *Optique physiologique*, trad. fr., p. 423.

(20) J. Delbœuf, *Eléments de psychophysique*, Paris, 1883.

(21) 「哲学雑誌」掲載の実験報告参照。 A. Lehmann et H. Neiglick, *Revue philosophique*, 1887, t. I, p. 71 et t. II, p. 180.

(22) J. Delbœuf, *Eléments de psychophysique*, p. 61 et 69.

(23) ヴェーバーの法則 $\Delta E/E = \mathrm{const.}$ が無制限に認められる特殊な場合には、Qを定数とすれば、積分の結果は、$S = C \log E/Q$ となる。これがフェヒナーの「対数法則」である。

(24) 最近では、ΔS はSに比例すると考えられている。

(25) J. Tannery, *Revue scientifique*, 13 mars et 24 avril 1875.

第二章

（1）この研究がすっかり終わった後で、「哲学批評」誌（*Critique philosophique*, années 1833 et 1884）で、数の観念と空間の観念との緊密な関連性についてのG・ノエル氏の興味深い論文に対するF・ピヨン氏のきわめて注目すべき反論を読んだ。けれども、ピヨン氏は質としての時間と量としての時間、併置の多様性と相互浸透の多様性とを区別していないので、読者がこれから目にする数頁に何ら変更すべき点はないと思った。第二章の最大の目的をなすこの主要な区別がなければ、私たちもピヨン氏に同調して、数の構成には共存の関係だけで十分だと主張していたかもしれない。しかし、ここで共存とは何を意味するのだろうか。もし共存する諸項が全体として有機化されるのであれば、数はそこから決して出てこないだろう。また、もしそれらが区別されたままにとどまるのであれば、それらは互いに併置されているのであって、私たちは空間のなかにいることになる。複数の感覚によって受け取られる同時的な諸印象の例を引き合いに出しても、無駄であろう。これらの感覚にそれらの種的差異を保存してやろうとしても、結局、それらは数えられないと言うのと同じことになるし、かといってそれらの差異を捨象しても、その場合には、それらの位置もしくはそれらを表す記号による以外に、どうやってそれらを区別できようか。これから見るように、区別するという言葉には二つの意味がある。一つは質的な意味であり、他は量的な意味である。思うに、これら二つの意味が、数と空間との諸関係を取り扱ったすべてのひとたちに混同されてきたのである。

（2） F. Evelin, *Infini et quantité*, Paris, 1881.

第三章

（1） この点については次を参照。 F. A. Lange, *Histoire du matérialisme*, trad. fr., t. II, IIe Partie.

（2） G. A. Hirn, *Recherches expérimentale et analytique sur les lois de l'écoulement et du choc des gaz*, Paris, 1886. 特に次を参照。 p. 160–171 et 199–203.

（3） A. Comte, *Cours de philosophie positive*, t. II, 32e leçon.

（4） G. A. Hirn, *Théorie mécanique de la chaleur*, Paris, 1868, t. II, p. 267.

（5） J. B. Stallo, *La matière et la physique moderne*, Paris, 1884, p. 69.

（6） J. S. Mill, *La philosophie de Hamilton*, trad. Cazelles, p. 554.

（7） *Ibid.*, p. 556.

（8） *Ibid.*, p. 555.

（9） A. Bain, *The Emotions and the Will*, chap. VI.

（10） A. Fouillée, *La liberté et le déterminisme*.

（11） J. S. Mill, *Philos. de Hamilton*, p. 551.

(12) *Ibid.*, p. 554.

結　論

(1) ルヌーヴィエ氏はすでに反射運動にも比すべきこのような意志的行為について語ったことがあるが、その際、彼は自由を危機の瞬間に制限した。しかし彼は、自由な活動の過程が言わば私たちの知らぬ間に、持続のあらゆる瞬間において、意識の昏い奥底で継続されていること、持続の感情そのものもそこからやってくること、また、自我の進展の場となっているこうした異質的で区別を欠いた持続がなければ、精神的危機も生じないだろうということに注目したようには見えない。意識の奥底の方がそういう事情になっているので、特定の自由な行動を深く立ち入って研究しても、自由の問題は解決されないだろう。考察しなければならないのは、異質的な私たちの意識の諸状態の全系列なのだ。換言すれば、持続の観念の注意深い分析のなかにこそ、問題を解決する鍵を求めるべきだったのである。

訳者あとがき

本書は Henri Bergson, Essai sur les données immédiates de la Conscience, 1389. の全訳である。テキストは著者生誕百年を記念して一九五九年に刊行されたPUF版の著作集を用いた。原題は「意識に直接与えられたものについての試論」であるが、英訳(一九一〇)以来の慣例に従って「時間と自由」とした。英訳者は、その序言によると、原著者ベルクソンと緊密に連絡を取り合いながら訳語を推敲した模様であるし、また内容的にも十分首肯できるものである。独訳もこの訳題を踏襲している。原著では目次は巻末に、小見出しに相当する部分は当該頁上の欄外(柱)に掲げられているが、本訳書では目次を巻頭に、小見出しを巻頭と本文中に組み込み、注は一括して巻末に原注として掲げた。〔　〕は補足的訳注、〈　〉は読みやすさを図ったもので、いずれも原文にはない。引用、強調など、他の標記は慣行に従った。翻訳に際しては英訳、独訳、また本文庫の旧版(服部紀訳、一九三七年)を初め数種類の邦訳を参照することができた。先達諸氏に感謝したい。また特にこの「あとがき」で参照させて頂いたシュヴァリエ著『ベルクソンとの対話』(みすず書房、一九六九年、一九九七年新装版)については訳語の一部を訳者に無断で変更した(例えば「時」を「時間」に)点もあるので、まことに不躾なことではあるが、この場を借りて訳者仲沢紀雄氏のご宥恕をお願いしたい。

本書は副論文「アリストテレスの場所論」とともにベルクソンの学位論文をなす。当時の支配的思潮であったカント主義に対する攻撃とその斬新な発想のために学位論文としての評価は低かったようで、特に彼の自由論の哲学的根拠をなす第二章の時間論が審査員に黙殺されたのをベルクソンは遺憾に思っていた。ハイデガーは『存在と時間』(第八二節の注)でベルクソンの時間分析を、「時間意識と時間経験に関しては」と限定付きではあるが、「アリストテレスとカントの水準を抜く本質的な成果」と高く評価している。その際ベルクソンの正副二つの学位論文が「文献学上の連関」だけにとどまらないと指摘しているのは卓見と言うべきであろう。

本書の主題は、「序言」に述べられているように、〈自由〉である。その基本的な主張は「結論」の、特に「常識への帰還」と題された数頁に著者自身によって要約されている。読者はまずこの箇所にざっと眼を通し、各章の考察の趣意に或る程度の見当をつけておけば、その卓抜な比喩の効果によって一見すると理解しやすそうに見えるこの書物が、実は考えに考え抜かれた深い直観的洞察に裏打ちされており、哲学の敵役にされている言葉もその一つ一つが選びに選び抜かれていることに気づかされるだろう。著者は本書で一方の極に自由、内面性、相互浸透、質的多様性、精神、時間を、もう一方の極に必然性、外面性、不可入性、量的多数性、物質、空間を対置した。本書ははっきりと二元論的である。それもいささか善悪二元論の語勢すら感じられる。とはいえベルクソンが身を置こうとしたのは、実在論とか観念論といった伝統的用語法では表現できない異数の次元であった。ベルクソンの哲学はメーヌ・ド・ビランを始祖とする精神哲学の系譜に連なると大ざっぱに言ってよいと思うが、この系譜を一筋につないでいるのはビランの「原始的事実の二元性」という観念、つまり二元論的に区別されるが原始的に統一されている事実という観念である。ベルクソンはこの事実を「意識に直接与えられたもの」、すなわち〈持続〉と呼び、自由か必然かという論議の埒外にある根源的事実とみなした。いずれにせよ、すべてを持続の相の下に眺めるというベルクソンの哲学の基本構想は本書によって初めて確立された。その思想的境涯と哲学的スタイルについては本文庫の『思想と動くもの』(新版、一九九八年)に収められている「緒論」「哲学的直観」

「哲学入門」、そして「解説」にその要点が再録されている河野与一の旧版第一分冊への「はしがき」(いっそ警告)が参考になろう。またベルクソンの哲学全体の概略については、市川浩『ベルクソン』(講談社学術文庫、一九九一年)とJ.-L.ヴィエイヤール＝バロン『ベルクソン』(上村博訳、クセジュ文庫、一九九三年)を単なる解説的入門書の域を越えた好著として推奨したい。

著者アンリ・ベルクソンはフランスの哲学者(一八五九―一九四一)。ユダヤ系ポーランド人の父とアイルランド系イギリス人の母のあいだに四男三女の次男として生まれた。一家がイギリスに移り住んでからも、教育上の理由でアンリだけはパリにとどまり、コンドルセ高等中学校(リセ)に学んだ。以下の伝記的事実は、特に断らないかぎり、驚くべき記憶力でベルクソンの言動を記録したシュヴァリエの『ベルクソンとの対話』に負うが、公表した著述以外の資料的価値を認めないというベルクソンの遺言もあるので、以下の叙述は『時間と自由』を構想するに至るまでの一種の「ベルクソン物語」といった程度に受けとめて頂きたい。

高等中学校時代、ベルクソンは当時テーヌやルナンの実証主義に代わって台頭してきていた新カント主義の影響をまったく受けなかった。学校ではクーザンの折衷主義的哲学が教えられていたが、担当教師は何かと哲学以外の話をしたがるひとで、その上「生徒に影響を残すことを避けようとさえしていた」。非体系志向のベルクソンにとってはまことに有り難い先生だった。彼は数学と物理学に熱中し、全国コンクールの数学問題に対する解答が数学年報に掲載されるほど、とりわけ数学には天分を発揮した。とはいえ、ベルクソンは自分の才能が数学に向いていないことを直観的に覚っていた。進路を聞いた担当の数学教師は「数学者ではなく、単なる哲学者になるのか」と嘆いたものだったが、一八七八年、エリート・コースの高等師範学校(エコール・ノルマル・シュペリュール)に進み、いわゆるノルマリアンになったとき、彼を待っていたのは前年度赴任してきたばかりの当時三二歳のブートルーである。ブートルーは第一級の哲学者・哲学史家であっただけでなく、熱心な教育者でもあった。「彼が論述する学説はたいていカントのものだったので、彼に育てられた弟子が、程度の違いこそあれ、みな、カント学派なのは、驚くに当たらない」。だが、ベルクソンは頑固だった。彼は「高等師範学校で、あらゆる探究と哲学的思索の出発点は必然的にカントであると教えられたことを、ブートルーに常に憾みに思っていた」と回顧する一方で(一九三五・一〇・二九)、こうも語っている。「高等師範学校時代、学友たちはみなカントとカント派哲学の深い影響を受けていた。わたしはすこしも影響を蒙らなかったが、当時から、ドイツ的観念を打破ないし嘲笑し続けてきた」(一九一五・三・二七)。嘲笑的態度の是非はともかく、彼がカントから影響を受けなかったことは事実である。どう見ても哲学のスタイルが違いすぎる。しかし、後述するように、ブートルーからは哲学する態度を学んだ、と私は思う。いずれにせよ、ベルクソンは「力強い独創性をもった孤独な天才」(シュヴァリエのベルクソン評)の常として、カントをまったく理解できなかった。河野与一は彼の学生時代の風潮を、誰もがカントを読まずにカント主義者だったと軽妙に振り返っているが(『学問の曲り角』岩波文庫、二〇〇〇年)、ベルクソンはカントを読む前から反カント主義者だったというのが真実に近い。要するに、その風貌や人物評からは想像しにくいが、彼はへそまがりなのだ。あるいは鷗外の言葉を借りて言えば、「永遠の不平家」なのである。これは、ベルクソンの哲学を、特に言語に対する彼の態度を考える上で肝要な点である。

高等師範学校はフランスを代表する知性たちが巣立っていく一種の教習所であるだけに、そこでは奇しき因縁のネットワークが形成される。ベルクソンの先生がブートルーであることは先に述べた通りだが、そのブートルーの先生が本書の献呈されているラシュリエなのである。ベルクソンによると、ラシュリエは何事も黒白をはっきりさせねば気の済まない性分だった。カントは、彼にとって、「曖昧さを許さない的確にして確実な論理の要求に則って導かれた、首尾一貫した思惟の典型」であった。「ラシュリエはまったくの大先生だったが、かれにとっては、問題はただ一つ、《これは真実か》ということだけだった。講義中まちがったことを言うと、われわれのだれ一人気がつかなくても、自分から訂正してはばからなかった。ただ、ラシュリエにおいて不幸であったことは、カントの方法のみならず、理論の影響も受けてしまったことだ」。彼の悲劇は、彼本来の精神哲学とカント的な観念論とを整合的に結びつけようとした点にあった、とベルクソンは言う。「ブートルーの方は、根っからの哲学史家だ。かれは、他人の思想を把握することにはすばらしい。ただ、そこから一歩出ることには、多少、嫌悪ないしは困難を感じていた。わたしは、スピノザの決定論に関するブートルーのレポートにラシュリエがつけた評をいまでも思い出すのだが、ラシュリエは、論述している主題についてブートルーがいかなる判断も下していないことに激昂したとみえて、余白に、《しかし、この途方もない学説について、いったい、君はどう思うのだ。ある哲学体系を理解し、判断するための第一の条件は、たしかに、その中にはいりこむことだが、次にはそこから出ること、つまり、これを外部の観点、できうるならば、もっとすぐれた観点から検討することだ》と書いてあった。ブートルーはすべてのことでこういう次第だった。論述する学説の中にはいりこむのだが、われわれがそこから出るようにはしてくれず、そのすべも与えてくれなかった。しかも、かれが論述する学説はたいていカントのものだったので云々」。正確に言えば、ラシュリエとカントとの思想的類似は用語法だけだし、ブートルーに至ってはカント主義者どころか、むしろベルクソン哲学の前駆的形成者とみなすのが今日の哲学史的定説である。ラヴェソンに関する論文の再版の許可が問題になったとき、ベルクソンはシュヴァリエにこう注文をつけている。「この論文はラヴェソンを多少ベルクソン化したという非難を受けたものだが、著者の同意を得て原形のままふたたび発表する事にした、というような註を先につけてほしい。もっとも、これが、主題を発展させながら問題を明確にする唯一の方法だった」。『思想と動くもの』にはベルクソンが望んだ通りにシュヴァリエの注がつけられているが、この方法はまさにブートルー流ではないだろうか。河野与一が先に触れた「はしがき」で「(初学者には)ベルクソンは危険な思想家である」と前置きして、ベルクソンの言葉に潜む「凶暴な魔力」に警告を発したのは、ベルクソンの哲学がその内側に入り込むと、なかなかその外側に出られないという仕掛けが施されているからではないだろうか。この仕掛けは例えばこんなふうに作動する。「わたしは君の師ではなく、友人だ」「しかし、先生は私の中に焔を呼びおこし、私の仕事はその焔によって烙印をおされています」「そういうこともあろう。しかし、わたしが君に教えたと君が言うのも、君が君の奥底に見いだし、いわば認めることが必要だったのだ。なぜといって、人は自分からのみ学ぶものなのだ。君の言うように、わたしが君の中に焔を呼びおこしたとしたら、それは、われわれの思想の間に前々から親近性があったからだ」。まことにソクラテスの対話法そのものである。

高等師範学校ではベルクソンはスペンサーの哲学に傾倒した。彼はスペンサー流の機械論的説明をもっと的確に宇宙全体に及ぼすことを夢みていた。彼は心理学全体を数学的厳密さの欠如の故に軽蔑していた。後でこの軽蔑が心理学を詐称する一部の心理学的研究に向けられたものでしかないことが分かったが、こともあろうにまだ誤解の渦中にあった時期に高等教員採用試験(アグレガシオン)があった。その口頭試問で彼は「ラシュリエの帽子の中から」心理学の問題を取り出してしまい、それについて「まったく批判的な、できの悪い解答をして、二位に下げられてしまった」。「わたしはくやしさを隠すことができなかった」とベルクソンは述懐しているが(一九二二・二・四)、この「ラシュリエの帽子」という表現が実はよく分からない。奇術師が帽子のなかから鳩を取り出すように、ラシュリエの口頭試問で余計な問題を引っ張り出してしまった、つまり藪蛇とか藪を棒でつっつくといった意味合いの比喩だろうとは推測するのだが、「帽子から取り出す」という成語的表現があるのかもしれない。この「ラシュリエの帽子」もそうだが、ベルクソンは同じ状況を必ず同じ言葉で表現する癖がある。それはむしろ決意と言ってもよいほどの頑固さである。最初にベルクソンは「言葉を選びに選び抜いて語る」と述べたが、これは事実を飾らずにそのまま述べたのである。この点については後でもう一度触れることにしよう。

一八八一年高等教員採用試験を合格したベルクソンは、博士論文(=本書)を提出するまでのほぼ七年間、主として地方の高等中学校の教師生活を送ることになる。この地方都市の生活のなかでベルクソンの根本的転回が開始された。『時間と自由』、そして『物質と記憶』も(彼は第一の主著を発表する以前にすでに第二の主著に着手していた)この時期に構想され練り上げられた。「アンジェ市、クレルモン市での生活は、わたしの生涯で収穫の豊かな七年間であった。わたしはまったく数学的な主知主義から出発していた。高等師範学校では、数学と物理学とに専念してほかの学科を軽蔑し、高等教員採用試験では、わたしが否定していた心理学で（当時わたしは似非心理学を否定していたのだともいえようが）《悪い答案》という評を得た。考えをまったく変えるに至ったのは、地方での自己の中への沈潜の賜物と言える。よく考えているうちに、自己の内部に知覚するような〈時間〉を数学は説明できないことに気がついた。すると、それまでわたしが二次的なものとないがしろにしてきたすべてのものが、本質的なものになってきた」（一九一一・一・二）。特にクレルモンは、彼の哲学の発祥の地であっただけに、愛着も深かっただろうが、一方では臆面もなくこうも述べている。「一生、クレルモンに残らなかったことを常に後悔していたことはまったく真実だ。ただ一つのことを除いては……クレルモンに残っていたら、妻に出会わなかっただろう」（一九三一・一二・七）。閑話休題。

「わたしが数学者、機械論者として世界にぶつかって行くと、現実がわたしに抵抗した。現実、あるいはむしろ一つの現実、つまり時間、真の持続を還元することができなかったのだ。スペンサーの『第一原理』を根底から再検討すると、時間の観念に至って、スペンサー哲学の不十分さをはっきりと感ずることになった。この機械論哲学が考えているような時間は、空間との接触によって歪曲され、汚染され、いわば物質化された時間であって、そのような観念では常識がわれわれに内的に意識で感ずるような現実の持続を表象することができないことにわたしは気づいた。時間がわたしをひきとめたのだ。時間がわたしにその姿を現わした。すると、それまで二次的なものとないがしろにしていたことが、わたしにとって本質的なことになった」(一九二二・二・四)。

長文の引用になったが、ベルクソンの哲学を理解する上で重要なので、ほとんど同じ内容の発言の記録(若干は端折ったが)を二つ引いておいた。まず、まさに同じ内容だという点、いや、ほぼ十年の歳月があるのに同じ表現を用いているという点が重要なのである。その箇所は特に傍点で示した。これは先に述べた「ラシュリエの帽子」の問題に関わる。次に、ベルクソンが持続の観念を得たのが数学の場面においてだという点が重要である。これは本書の第二章で展開された持続の理論が当時の数学基礎論上の大問題、すなわち多様体論として読まれても何ら不思議でないということを示唆している。これはハイデガーが指摘した二つの学位論文の「文献学上の連関」の問題に関わる(ハイデガーには別の連関、例えば「〈よりさき〉と〈よりあと〉の区別にもとづく運動の数」というアリストテレスの時間論が念頭にあっただろうが)。ベルクソンはそこでアリストテレスの「表面」の概念を詳細に分析している。表面はたしかに深層に対する心理学的表層であるが、同時に外部世界との物理学的接触面でもあり、また奥行きを構成する数学的次元でもあるのだ。本書では持続の心理学的次元が話題にされているので特に表立ってはいないが、二〇世紀後半の生物学の飛躍的展開や最近の複雑系の科学の登場との連関で注目すべき概念であろう。また、この連関からまさに、近代初期に盛んに議論された連続体の合成の問題、それに直接に関与する微積分の発想そのものが提起している哲学的問題、そしてエレア学派、古代原子論、アリストテレスとの論争的関係（つまり無限分割の問題）を根本的に考え直す必要も出てくるであろう。

シュヴァリエは一九二六年に『ベルクソン』と題する著書を出版している。ベルクソンはこの著書を「たいへん気に入った」のだが、実は草稿段階で数カ月にわたって口頭でまた書簡で綿密に検討し、注解を加えている。注解の趣旨はシュヴァリエの個人的見解と自分の学説との違いを明確にする点にあった。「これは君の意見だ。わたしはそこまで言っていない。読者が間違うおそれがあるから、わたしが言っているのではないと明記する必要がある」、あるいは「こういう言い方の方が正しい」、あるいは「君個人の省察としてはまったく妥当だが、わたしの方法にはまったく反する」（一九二六・四・九）。懇切丁寧な助言には違いないのだが、しかしここでのベルクソンの注文のつけ方には或る種の強迫症状を思わせる強いこだわりが感じられる。ベルクソンは書き直しを命じているわけではない。自分と違う思想を述べたと憤慨しているわけでもない。それどころか、難解で知られる『物質と記憶』の叙述については「ほとんど何も付け加えることがない」と絶賛している。だが、この寛容の背後には「寄らば斬るぞ」の殺気が感じられる。思想の変更は論議のほかだが、ベルクソンがこだわっているのは言葉そのものの変更なのではないだろうか。「片言隻句といえども私の言った言葉に手を加えるな」。ベルクソンはそう言っているように思える。先に引いた「ラシュリエの帽子」もそうなのではないだろうか。この表現は、余人はもとより、ベルクソン自身にも変更のきかなかった言葉だったのではないか。この言葉でベルクソンは或る事態を表現しようとした。それ以外の表現の工夫がつかなかった。工夫に工夫を重ねるうち、言葉は、ベルクソンの哲学的意図を裏切るかのように、事態そのものを直接的に指示する記号となった。「ラシュリエの帽子」と言うたびにベルクソンには若き日の教員資格試験での失敗の悔しさが皮膚感覚としてありありと蘇った。だからこの事態を表現するのにベルクソンは繰り返し同じ言葉を用いるのではないか。言葉は内在的喚起力をもつ。そのことを誰よりもよく知っていたのは、ほかならぬベルクソンだったのではないだろうか。ここに、言語を不倶戴天の敵とみなしながら、希代の名文家でもあったベルクソンの逆説の秘密があるのではないだろうか。ベルクソンはこう述べている。「書いてしまったら、けっして二度とは読み返さない」(一九三八・三・二)。実際、彼は自分の著書を手元に一冊も置いていなかった。もっとも、アインシュタインの信奉者たちとの論争的な関係が生じた時は別だったようで、彼は自分の著書『持続と同時性』を手元において何度も検討し直した形跡がある(一九二三・一二・三〇)。「わたしは自分の知っていることしか言わない」(一九二四・三・二六)。「(生命の問題について)自分の考えが満足のいくような表現をとるに至らない。すくなくとも、まだ、現在のところでは、到達していない。まがいの確実さで満足してしまうようになることを恐れて、この段階で表現することは避けている」(一九〇六・二・一八)。謙虚で誠実な態度のように見えるが、そうではない。ここには或る意味で傲慢なまでの禁欲主義がある。ベルクソンは、こう言ってよければ、言語になろうとしているのだ。「哲学的方法の第一歩は、ことばが現実をその本来の屈曲に沿って切り分けているかどうかを問うことだ」(一九三八・三・二)。

「なにか単純な、無限に単純な、並はずれて単純なために哲学者がどうしてもうまく言えないようなものがあります。そのために哲学者は一生涯論じているのです」(「哲学的直観」)。単純なものは、定義上、分解ないし分析できない。ところが、言語は、本性上、この単純なものを分解してしまう。とすれば、結果は目に見えている。哲学者は自分が捉えようとした単純なものを取り逃がしてしまうのだ。単純なものとは物理的には原子であろう(周知のように、これは「それ以上分割できないもの」というのが原義である)。代数的には一、幾何学的には点であろう。ベルクソンは数学のなかでも特に幾何学が気に入っていたのだが、彼の形而上学的直観の確かさを示すものと言えよう。物理的原子(実在的なもの)と数学的一(観念的なもの)を架橋するのは「点」である。ユークリッドは点についてまことに単純な、しかしこれ以上もなく謎めいた定義を残した。曰く、「部分をもたない大きさ」。ベルクソンは本書の白眉と言ってよい第二章の考察をユークリッドの数の定義(「一の多」)から始めているが、むしろ点の定義を念頭に置いて読み進めれば分かりやすいであろう。

直観は裏切らない。その証拠に、ひとは何か肯定的に主張したことを翻すことはあっても、自分が否定したことをほとんど変えたためしがない。変えることがあったとしても、それもまた直観のもつ力であって、その本領は否定する点にある、とベルクソンは述べている。「直観は(ソクラテスの耳に聞こえたダイモーンの声のように)禁止するのです。世の中で認められている思想や、明白と思われていた説や、それまでは科学的と通用していた主張を前にして直観は哲学者の耳に〈不可能だ〉という言葉を囁きます。事実や理屈が人にそれが可能で事象的で確実だと信ずるように仕向けると見える時でさえも、不可能だ。たぶん雑多ではあっても決定的なある経験が私の声をもって、人が言い立てる事実や人が与える理屈とは相容れないものであり、そうなった以上それらの事実が足らずそれらの理屈は誤っているのに相違ないのだと話しかけるのであるから、不可能だ。否定のこの直観的な能力というものは不思議な力であります」「哲学者という名に値する哲学者はたった一つのことしか言ったことはありません。その上そのことを本当に言ったというよりも、むしろそのことを言おうと努めたのです」(「哲学的直観」)。ところで、この直観という言葉こそベルクソンの愛用した言葉群のなかでも絶対に変更ないし言い換えの許されない、いや不可能な言葉である。このことには誰も異存はないであろう。だが、それは、誰も、ベルクソン自身でさえ、この言葉の意味を知らないからである。「直観ということばは、ほかにもっと適切なことばがなくて選んだのだが、完全に満足していたのではない」(一九二六・一二・二九)。実際、ベルクソンは言わば反対尋問をするだけで、直観の指し示す事態について積極的な表現を与えることができなかった。なぜか。事態そのもの、つまり「意識に直接与えられたもの」が言語的指示を越えた地平にあるからである。しかも、そういう地平、あるいはむしろ次元が確かにあることを私たちは直観している。本書はそれを十分に明らかにしたが、未済感は残る。それが人間の、こう言ってよければ、「言葉に呪われた者」の、運命なのかもしれない。

英訳者は、ベルクソンの許可を得て、原著にはないプロティノスの『エンネアデス』の一節を訳書の巻頭にエピグラフとして掲げている。「もし〈自然〉がその創造的活動の理由を問われたとしたら、そして耳を傾け答える気になったとしたら、こう言うだろう——「訊ねてはいけない。たとえ私が黙したまま話そうとしない時でも、沈黙のうちで直観しなさい」」(Ⅲ・八)。プロティノスは〈万物は一者から流出し、一者へ帰還する〉という一者の一元論を説き、一者との合一を哲学の目標としたが、彼もまた究極の実在を「ほかに適切な言葉がないので」一者と呼んでいるだけだと認めている。それは「善ならずして善なるもの」「美ならずして美なるもの」とも呼ばれるが、いずれにせよ一者と合一するためには言葉を捨てなければならない。あるいは言葉を超越する次元へ跳躍しなければならない。プロティノスの哲学を愛好したベルクソンにとって沈黙への誘惑は抑えがたいものがあったに違いない。晩年のメルロ＝ポンティもまた、ベルクソンと同じように、言語との格闘がその哲学的スタイルをなしていたが、沈黙への誘惑を隠そうとしなかった。だが、「沈黙の声」というものがある。「哲学者は語るが、それは彼における〈弱さ〉、しかも説明しがたい弱さなのだ。哲学者は黙し、沈黙のうちで合致し、〈存在〉のうちで、すでにそこで出来上がっている哲学と落ち合うべきであろう。ところが、事はすべて反対に運ぶのであって、彼は彼が聴いている自分のなかの沈黙を言葉に移そうと望んでいたかの如くなのだ。哲学者の「作品」とはこの不条理な努力である」(『見えるものと見えないもの』)。本書はまぎれもなくベルクソンという哲学者の「作品」である。

二〇〇一年二月

中村文郎

時間《じかん》と自由《じゆう》　ベルクソン著

2001年5月16日　第1刷発行
2025年2月14日　第24刷発行

訳　者　中村文郎《なかむらふみろう》

発行者　坂本政謙

発行所　株式会社 岩波書店
〒101-8002 東京都千代田区一ツ橋 2-5-5

案内 03-5210-4000　営業部 03-5210-4111
文庫編集部 03-5210-4051
https://www.iwanami.co.jp/

印刷・理想社　カバー・精興社　製本・中永製本

ISBN 978-4-00-336459-8　Printed in Japan

読書子に寄す

——岩波文庫発刊に際して——

岩波茂雄

真理は万人によって求められることを自ら欲し、芸術は万人によって愛されることを自ら望む。かつては民を愚昧ならしめるために学芸が最も狭き堂宇に閉鎖されたことがあった。今や知識と美とを特権階級の独占より奪い返すことはつねに進取的なる民衆の切実なる要求である。岩波文庫はこの要求に応じそれに励まされて生まれた。それは生命ある不朽の書を少数者の書斎と研究室とより解放して街頭にくまなく立たしめ民衆に伍せしめるであろう。近時大量生産予約出版の流行を見る。その広告宣伝の狂態はしばらくおくも、後代にのこすと誇称する全集がその編集に万全の用意をなしたるか。千古の典籍の翻訳企図に敬虔の態度を欠かざりしか。さらに分売を許さず読者を繫縛して数十冊を強うるがごとき、はたしてその揚言する学芸解放のゆえんなりや。吾人は天下の名士の声に和してこれを推挙するに躊躇するものである。このときにあたって、岩波書店は自己の責務のいよいよ重大なるを思い、従来の方針の徹底を期するため、すでに十数年以前より志して来た計画を慎重審議この際断然実行することにした。吾人は範をかのレクラム文庫にとり、古今東西にわたって文芸・哲学・社会科学・自然科学等種類のいかんを問わず、いやしくも万人の必読すべき真に古典的価値ある書をきわめて簡易なる形式において逐次刊行し、あらゆる人間に須要なる生活向上の資料、生活批判の原理を提供せんと欲する。この文庫は予約出版の方法を排したるがゆえに、読者は自己の欲する時に自己の欲する書物を各個に自由に選択することができる。携帯に便にして価格の低きを最主とするがゆえに、外観を顧みざるも内容に至っては厳選最も力を尽くし、従来の岩波出版物の特色をますます発揮せしめようとする。この計画たるや世間の一時の投機的なるものと異なり、永遠の事業として吾人は微力を傾倒し、あらゆる犠牲を忍んで今後永久に継続発展せしめ、もって文庫の使命を遺憾なく果たさしめることを期する。芸術を愛し知識を求むる士の自ら進んでこの挙に参加し、希望と忠言とを寄せられることは吾人の熱望するところである。その性質上経済的には最も困難多きこの事業にあえて当たらんとする吾人の志を諒として、その達成のため世の読書子とのうるわしき共同を期待する。

昭和二年七月

《哲学・教育・宗教》〔青〕

ソクラテスの弁明・クリトン　プラトン　久保勉訳
ゴルギアス　プラトン　加来彰俊訳
饗宴　プラトン　久保勉訳
テアイテトス　プラトン　田中美知太郎訳
パイドロス　プラトン　藤沢令夫訳
メノン　プラトン　藤沢令夫訳
国家 全二冊　プラトン　藤沢令夫訳
プロタゴラス —ソフィストたち　プラトン　藤沢令夫訳
パイドン —魂の不死について　プラトン　岩田靖夫訳
アナバシス —敵中横断六〇〇〇キロ　クセノポン　松平千秋訳
アリストテレス ニコマコス倫理学 全二冊　高田三郎訳
アリストテレス 形而上学 全二冊　出隆訳
アリストテレス 弁論術　戸塚七郎訳
アリストテレース詩学・ホラーティウス詩論　松本仁助・岡道男訳
物の本質について　ルクレーティウス　樋口勝彦訳
エピクロス —教説と手紙　出隆・岩崎允胤訳

生の短さについて 他二篇　セネカ　大西英文訳
怒りについて 他二篇　セネカ　兼利琢也訳
エピクテトス 人生談義 全二冊　國方栄二訳
人さまざま　テオプラストス　森進一訳
マルクス・アウレーリウス 自省録　神谷美恵子訳
老年について　キケロー　中務哲郎訳
友情について　キケロー　中務哲郎訳
弁論家について 全二冊　キケロー　大西英文訳
平和の訴え　エラスムス　箕輪三郎訳
エラスムス＝トマス・モア往復書簡　沓掛良彦・高田康成訳
方法序説　デカルト　谷川多佳子訳
哲学原理　デカルト　桂寿一訳
精神指導の規則　デカルト　野田又夫訳
情念論　デカルト　谷川多佳子訳
パンセ 全三冊　パスカル　塩川徹也訳
パスカル 小品と手紙　塩川徹也・望月ゆか訳
スピノザ 神学・政治論 全二冊　畠中尚志訳

知性改善論　スピノザ　畠中尚志訳
スピノザ エチカ（倫理学） 全二冊　畠中尚志訳
スピノザ 国家論　畠中尚志訳
スピノザ往復書簡集　畠中尚志訳
デカルトの哲学原理 —附 形而上学的思想　スピノザ　畠中尚志訳
スピノザ 神・人間及び人間の幸福に関する短論文　畠中尚志訳
モナドロジー 他二篇　ライプニッツ　谷川多佳子・岡部英男訳
ノヴム・オルガヌム（新機関）　ベーコン　桂寿一訳
市民の国について 全二冊　ヒューム　小松茂夫訳
自然宗教をめぐる対話　ヒューム　犬塚元訳
君主の統治について —謹んでキプロス王に捧げる　トマス・アクィナス　柴田平三郎訳
精選 神学大全 全四冊　トマス・アクィナス　山本芳久編　稲垣良典／訳
エミール 全三冊　ルソー　今野一雄訳
人間不平等起原論　ルソー　本田喜代治・平岡昇訳
ルソー 社会契約論　桑原武夫・前川貞次郎訳
言語起源論 —旋律と音楽的模倣について　ルソー　増田真訳
ディドロ 絵画について　佐々木健一訳

純粋理性批判 全三冊　カント／篠田英雄訳
カント 実践理性批判　波多野精一・宮本和吉・篠田英雄訳
判断力批判 全二冊　カント／篠田英雄訳
永遠平和のために　カント／宇都宮芳明訳
プロレゴメナ　カント／篠田英雄訳
人倫の形而上学 全二冊　カント／熊野純彦・宮村悠介訳
シュライエルマッハー 独白　木場深定訳
ヘーゲル 政治論文集 全二冊　金子武蔵訳
哲学史序論 —哲学と哲学史　ヘーゲル／武市健人訳
歴史哲学講義 全二冊　ヘーゲル／長谷川宏訳
法の哲学 —自然法と国家学の要綱　ヘーゲル／上妻精・佐藤康邦・山田忠彰訳
学問論　シェリング／西川富雄・藤田正勝監訳
自殺について 他四篇　ショウペンハウエル／斎藤信治訳
読書について 他二篇　ショウペンハウエル／斎藤忍随訳
知性について 他四篇　ショーペンハウエル／細谷貞雄訳
不安の概念　キェルケゴール／斎藤信治訳
死に至る病　キェルケゴール／斎藤信治訳

体験と創作 全二冊　ディルタイ／柴田治三郎・小牧健夫訳
眠られぬ夜のために 全二冊　ヒルティ／草間平作・大和邦太郎訳
幸福論 全三冊　ヒルティ／草間平作・大和邦太郎訳
悲劇の誕生　ニーチェ／秋山英夫訳
ツァラトゥストラはこう言った 全二冊　ニーチェ／氷上英廣訳
道徳の系譜　ニーチェ／木場深定訳
善悪の彼岸　ニーチェ／木場深定訳
この人を見よ　ニーチェ／手塚富雄訳
プラグマティズム　W・ジェイムズ／桝田啓三郎訳
宗教的経験の諸相 全二冊　W・ジェイムズ／桝田啓三郎訳
日常生活の精神病理　フロイト／高田珠樹訳
精神分析入門講義 全二冊　フロイト／高田珠樹・新宮一成・須藤訓任・道籏泰三訳
純粋現象学及現象学的哲学考案 全二冊　フッセル／池上鎌三訳
デカルト的省察　フッサール／浜渦辰二訳
愛の断想・日々の断想　ジンメル／清水幾太郎訳
ジンメル宗教論集　深澤英隆編訳
笑い　ベルクソン／林達夫訳

道徳と宗教の二源泉　ベルクソン／平山高次訳
物質と記憶　ベルクソン／熊野純彦訳
時間と自由　ベルクソン／中村文郎訳
ラッセル教育論　安藤貞雄訳
ラッセル幸福論　安藤貞雄訳
存在と時間 全四冊　ハイデガー／熊野純彦訳
学校と社会　デューイ／宮原誠一訳
民主主義と教育 全二冊　デューイ／松野安男訳
我と汝・対話　マルティン・ブーバー／植田重雄訳
アラン 幸福論　神谷幹夫訳
アラン 定義集　神谷幹夫訳
天才の心理学　E・クレッチュマー／内村祐之訳
英語発達小史　H・ブラッドリ／寺澤芳雄訳
日本の弓術　オイゲン・ヘリゲル述／柴田治三郎訳
似て非なる友について 他三篇　プルタルコス／柳沼重剛訳
ことばのロマンス —英語の語源　ウィークリー／寺澤芳雄・出淵博訳
ヴィーコ 学問の方法　上村忠男・佐々木力訳

- 国家と神話 全二冊 — カッシーラー／熊野純彦訳
- 天才・悪 — ブレンターノ／篠田英雄訳
- 人間の頭脳活動の本質 他一篇 — ディーツゲン／小松摂郎訳
- 反啓蒙思想 他二篇 — バーリン／松本礼二編
- マキアヴェッリの独創性 他三篇 — バーリン／川出良枝編
- ロシア・インテリゲンツィヤの誕生 他五篇 — バーリン／桑野隆編
- 論理哲学論考 — ウィトゲンシュタイン／野矢茂樹訳
- 自由と社会的抑圧 — シモーヌ・ヴェイユ／冨原眞弓訳
- 根をもつこと 全二冊 — シモーヌ・ヴェイユ／冨原眞弓訳
- 重力と恩寵 — シモーヌ・ヴェイユ／冨原眞弓訳
- 全体性と無限 全二冊 — レヴィナス／熊野純彦訳
- 啓蒙の弁証法 —哲学的断想 — M・ホルクハイマー T・W・アドルノ／徳永恂訳
- ヘーゲルからニーチェへ —十九世紀思想における革命的断絶 全二冊 — レーヴィット／三島憲一訳
- 統辞構造論 付『言語理論の論理構造』序論 — チョムスキー／福井直樹 辻子美保子訳
- 統辞理論の諸相 方法論序説 — チョムスキー／福井直樹 辻子美保子訳
- 快楽について — ロレンツォ・ヴァッラ／近藤恒一訳
- ニーチェ みずからの時代と闘う者 — ルドルフ・シュタイナー／高橋巖訳

- フランス革命期の公教育論 — コンドルセ他／阪上孝編訳
- 人間の教育 全二冊 — フレーベル／荒井武訳
- 旧約聖書 創世記 — 関根正雄訳
- 旧約聖書 出エジプト記 — 関根正雄訳
- 旧約聖書 ヨブ記 — 関根正雄訳
- 旧約聖書 詩篇 — 関根正雄訳
- 新約聖書 福音書 — 塚本虎二訳
- 文語訳 新約聖書 詩篇付
- 文語訳 旧約聖書 全四冊
- キリストにならいて — トマス・ア・ケンピス／大沢章 呉茂一訳
- 聖アウグスティヌス 告白 全二冊 — 服部英次郎訳
- アウグスティヌス 神の国 全五冊 — 服部英次郎 藤本雄三訳
- 新訳 キリスト者の自由・聖書への序言 — マルティン・ルター／石原謙訳
- キリスト教と世界宗教 — シュヴァイツェル／鈴木俊郎訳
- カルヴァン小論集 — 波木居斉二編訳
- 聖なるもの — オットー／久松英二訳
- コーラン 全三冊 — 井筒俊彦訳

- エックハルト説教集 — 田島照久編訳
- ムハンマドのことば ハディース — 小杉泰編訳
- 新約聖書外典 ナグ・ハマディ文書抄 — 荒井献 大貫隆 小林稔 筒井賢治 編訳
- 後期資本主義における正統化の問題 — ハーバーマス／山田正行 金慧訳
- シンボルの哲学 —理性、祭礼、芸術のシンボル試論 — S・K・ランガー／塚本明子訳
- ジャック・ラカン 精神分析の四基本概念 全二冊 — ジャック＝アラン・ミレール編／小出浩之 新宮一成 鈴木國文 小川豊昭 訳
- 精神と自然 生きた世界の認識論 — グレゴリー・ベイトソン／佐藤良明訳
- 精神の生態学へ 全三冊 — グレゴリー・ベイトソン／佐藤良明訳
- 人間の知的能力に関する試論 全二冊 — トマス・リード／戸田剛文訳
- 開かれた社会とその敵 全四冊 — カール・ポパー／小河原誠訳

《東洋思想》〔青〕

易経 全二冊　高田真治・後藤基巳訳
論語　金谷治訳注
孔子家語　藤原正校訳
孟子 全二冊　小林勝人訳注
老子　蜂屋邦夫訳注
荘子 全四冊　金谷治訳注
新訂 孫子　金谷治訳注
荀子 全二冊　金谷治訳注
韓非子 全四冊　金谷治訳注
史記列伝 全五冊　司馬遷／小川環樹・今鷹真・福島吉彦訳
春秋左氏伝 全三冊　小倉芳彦訳
塩鉄論　曾我部静雄訳註
千字文　小川環樹・木田章義注解
大学・中庸　金谷治訳注
仁学 —清末の社会変革論—　譚嗣同／西順蔵・坂元ひろ子訳注
章炳麟集 —清末の民族革命思想—　西順蔵・近藤邦康編訳
梁啓超文集　岡本隆司・石川禎浩・高嶋航編訳
マヌの法典　田辺繁子訳
ガンディー獄中からの手紙　森本達雄訳
随園食単　袁枚／青木正児訳註
ウパデーシャ・サーハスリー —真実の自己の探求—　シャンカラ／前田専学訳

《仏教》〔青〕

ブッダのことば —スッタニパータ—　中村元訳
ブッダの真理のことば 感興のことば　中村元訳
般若心経・金剛般若経　中村元・紀野一義訳註
法華経 全三冊　坂本幸男・岩本裕訳注
日蓮文集　兜木正亨校注
浄土三部経 全二冊　中村元・早島鏡正・紀野一義訳註
大乗起信論　宇井伯寿・高崎直道訳注
臨済録　入矢義高訳注
碧巌録 全三冊　入矢義高・溝口雄三・末木文美士・伊藤文生訳注
無門関　西村恵信訳注
法華義疏 全二冊　聖徳太子／花山信勝校訳
往生要集 全二冊　源信／石田瑞麿訳注
教行信証　親鸞／金子大栄校訂
歎異抄　金子大栄校注
正法眼蔵 全四冊　道元／水野弥穂子校注
正法眼蔵随聞記　懐奘編／和辻哲郎校訂
道元禅師清規　大久保道舟訳注
一遍上人語録 —付 播州法語集—　大橋俊雄校注
南無阿弥陀仏 —付 心偈—　柳宗悦
蓮如上人御一代聞書　稲葉昌丸校訂
日本的霊性　鈴木大拙／篠田英雄校訂
新編 東洋的な見方　鈴木大拙／上田閑照編
大乗仏教概論　鈴木大拙／佐々木閑訳
浄土系思想論　鈴木大拙
神秘主義 キリスト教と仏教　鈴木大拙／坂東性純・清水守拙訳
禅の思想　鈴木大拙
ブッダ最後の旅 —大パリニッバーナ経—　中村元訳
仏弟子の告白 —テーラガーター—　中村元訳

岩波文庫の最新刊

川本皓嗣編
新編 イギリス名詩選

〈歌う喜び〉を感じさせてやまない名詩の数々。一六世紀のスペンサーから二〇世紀後半のヒーニーまで、愛され親しまれている九二篇を対訳で編む。待望の新編。
〔赤二七三-二〕 定価一二七六円

チェンニーノ・チェンニーニ
辻茂編訳／石原靖夫・望月一史訳
絵画術の書

フィレンツェの工房で伝えられてきた、ジョット以来の偉大な絵画技法を伝える歴史的文献。現存する三写本からの完訳に、詳細な用語解説を付す。（口絵四頁）
〔青五八八-一〕 定価一四三〇円

ルートヴィヒ・ボルツマン著／稲葉肇訳
気体論講義(上)

気体分子の運動に確率計算を取り入れ、統計的方法にもとづく力学理論を打ち立てた、ルートヴィヒ・ボルツマン（一八四四―一九〇六）の集大成といえる著作。（全二冊）
〔青九五九-一〕 定価一四三〇円

相馬御風編注
良寛和尚歌集

良寛（一七五八―一八三一）の和歌は、日本人の心をとらえて来た。良寛研究の礎となった相馬御風（一八八三―一九五〇）の評釈で歌を味わう。（解説＝鈴木健一・復本一郎）
〔黄二二二-二〕 定価六四九円

今月の重版再開

シュテファン・ツワイク作／高橋禎二、秋山英夫訳
マリー・アントワネット(上)

定価一一五五円 〔赤四三七-一〕

シュテファン・ツワイク作／高橋禎二、秋山英夫訳
マリー・アントワネット(下)

定価一一五五円 〔赤四三七-二〕

定価は消費税10％込です　2025.1